复旦大学研究生院
复旦大学文史研究院联合推荐

研究生·学术入门手册

徽学研究入门

王振忠 著

复旦大学出版社

编辑缘起

"给大学生常识,给硕士生方法,给博士生视野",这是我对大学人文学科基本教育和专业训练三个阶段的理解。如今大学越来越多,条件不一,水平参差,指导者的路数不同,不同学校培养研究生的方法和标准也不同。有些指导教师似乎对这三种教育没有区分,有时候把研究生当作大学生,塞上一堆"常识"便草草了事,使得早已掌握了基本知识的研究生要么对课程失去兴趣,要么以为"学术"不过如此,"研究"就是重复叙述;有时候又把大学生当作研究生,基本常识还不具备时,便传授种种"偏方"、"秘方",使大学生早早学会了出偏锋、用怪招。因此,我们策划编辑这一套"入门手册",让作者特别针对刚刚完成大学学业进入硕士生时期的人编写,意在引导他们知道初步的"研究方法",

以区别大学阶段的"常识学习"。

这套学术研究入门手册的编撰者,都是"学有所成"而且是"术有专攻"的学者,专业各有偏重,领域宽窄不一,但是,我想在他们撰写的这套入门书中,都必然包括"历史"、"方法"和"视野"这三方面。所谓"历史",就是了解本领域的历史即学术史,知道在自己之前,前辈和同行已经做了些什么,是怎么做的,因此可以"踏在前人搭好的桥板上",不必重起炉灶"而今迈步从头越",也不能掩耳盗铃装作自己是"垦荒"或"开拓"。所谓"方法",就是选择本领域目前最通行和最有效的方法,一一加以解说,并选择若干最好的典范论著,让阅读者"见贤思齐",哪怕是"照猫画虎",因为最初的研究不妨有一些模仿,当然模仿的应当是最高明的杰作,这才是"取法乎上"。所谓"视野",就是开列出中国和国外在本领域最基本的和最深入的论著,使得研究生不至于"拣到篮里便是菜",反而漏掉了必读的经典,形成引用参考文献的"随意"。这一部分可能包括了超出硕士生,甚至可以提供给博士生使用的,中外文的"进阶书目",通过参考文献提供更广阔的学术视野,让阅读者通过简单的论著名录,知道世界上的同行在做些什么。我想,大学教授最重要的责任,不是拔苗助长地呵护几个早早脱颖而出的杰出学生,而是齐头并进地保证进入研究领域的普通学生,这套入门手册不是针对天才而是保证底线的,为了让硕士生尽快超越大学本科阶段的学习习惯,了解最一般的研究途径,开始具有个性的思考,建立学术研究的角度和立场,形成遵守规范的研究习惯,我觉得"历史"、"方法"和"视野"是每一个合格的研究生都必须具备的。

这套研究入门手册的编撰和出版,要感谢复旦大学研究生院、复旦大学出版社和复旦大学文史研究院,也要感谢参与编写的各位杰出学者热情参与。他们都是很忙碌的人,但是他们能够放下手头的工作,慷慨承诺撰写这套入门书,是因为几乎所有的参加者和支持者,都不约而同地意识到,学术方法的传递和学术薪火的延续,比什么都重要。

目 录

前言 /1

一、徽州何以成学？ /1

二、徽学研究的历史回顾 /6

（一）徽学发展的几个阶段 /6

1. 20世纪50年代以前 /6

2. 1958年至1976年 /8

3. 1977年至2000年 /11

4. 新世纪以来的徽学研究 /14

（二）徽学研究的学术领域 /16

1. 徽商及相关问题研究 /16

2. 宗族与徽州区域相关问题研究 /32

3. 社会文化史研究 /40

4. 法制史研究 /44

5. 艺术史研究 /46

6. 其他 / 49

（三）本领域研究示例 / 55

三、徽学研究之前瞻 /68

（一）新史料的发掘、整理与研究 / 72

（二）田野调查方法的运用 / 75

（三）新领域的开拓与深入 / 78

（四）其他 / 81

四、参考书目 /82

（一）概述性的介绍 / 82

（二）进一步深度研究所需的参考论著 / 83

1. 资料集 / 83

2. 方志及相关资料 / 102

3. 调查资料 / 106

4. 工具书 / 111

5. 著作、论文集 / 117

6. 论文 / 138

后记 /253

前　言

徽州，地处安徽南部的黄山、白岳之间，处处清溪环流，绿树掩映。对于此种天工化成的自然环境，明人曾经这样吟咏：

山绕清溪水绕城，白云碧嶂画难成。
日斜猛虎峰头度，雨歇游鱼镜里行。
处处楼台藏野色，家家灯火读书声。
居民一半依山食，不事牛犁用火耕。

这首《徽州》诗，状摹了皖南山乡的如画景色和淳朴风情。从历史行政区划来看，徽州的前身是歙州，始置于隋朝。及至唐代，沿袭前朝建置，歙州下辖歙县、绩溪、黟县、休宁、祁门和婺源六县。到了北宋宣和三年（1121年），又改歙州置徽州。可以说，从唐宋以来，一州六县或一府六县的格局一直沿袭到明清时代。在明清，徽州是个府级建制，为安徽最为重要的两个府之一。清代康熙年间设立安徽省，就是取安庆和徽州两个府的第一个字为省名。其中,安庆府为安徽省的政治中心,而徽州府则以商业和文化著称于世。晚清地理著作《皇朝直省府厅州县歌括》曰:"徽州府在省极南,所辖六县歙为首,休宁祁门婺源角,绩溪府北黟西守。"这是用诗歌的形式,对徽州一府六县的地理位置作了形象的概括。徽州府所辖的六县中,歙县是首县,为徽州府治所在。婺源县是深深插入江西省的一个县,恰恰处于整个徽州府的西南一"角",正因为如此,婺源县在20世纪曾两度改隶江西,而且,直到现在仍隶属于江西省。

明代中叶以来,徽商以其整体力量登上历史舞台,除了经营传统的茶叶、竹木、瓷土、生漆等土特产以及徽墨、歙砚、澄心堂纸、汪伯立笔等"文房四宝"以外,还重点经营盐业、典当、布业和海外贸易等诸多行当,其足迹不仅遍及国内的山陬海隅、孤村僻壤,而且还远至海外的日本、东南亚等地。他们以经商为第一等生业,寄命于商,逐利以道,浮沉于商海狂潮,出没于繁华都市、僻野山乡。随着新安商贾财力的如日中天,皖南的黄山白岳之间一时也人文郁起,山川风物为四方所艳羡,徽州文化更呈现出空前辉煌的一瞬。山水清淑、钟灵毓秀的徽州,亦遂有了"东南邹鲁"、"文物之邦"的美称。

如今,尽管历经了数百年的世事沧桑以及一次史无前例的浩劫,徽州仍然留下了不少具有精美老建筑的古村落——完整或残破的牌坊、宗祠和古民居,依然矗立于僻野荒陬,散发出浓郁的乡土气息,为人们展示着日渐消逝的生活方式。

这种水云深处的历史记忆,为蛰居喧嚣的都市人,平添了一抹日渐湮没的旧梦遗痕。于是,这一域热土,引起了世人的极大关注。而在历史学研究领域,以"徽学"命名的一门特殊的学问也逐渐形成。

一

徽州何以成学？

徽州有着极为丰富的历史内涵，直到现在，地表文化遗存仍然相当繁多，素有"文物之海"的美称。据调查，旧徽州一府六县境内现存的地面文化遗存就有10 000余处，其中古建筑约7 000多处，古牌坊120余座，古祠堂、庙宇、亭阁531幢(座)，古桥156座，古塔18座。其中国家级重点文物保护单位17处，中国历史文化名村6处，省级重点文物保护单位66处，国保单位数量约占安徽省总量的三分之一[①]。其中，歙县是国家历史文化名城，牌坊、宗祠、民居遗存较多，尤其是牌坊众多，故有"牌坊城"之称。黄山市徽州区的呈坎村(明清时代属于歙县)，是徽州现存最早的完整方志南宋《淳熙新安志》作者罗愿的故乡。该村人口只有2 600余人，但村中却有呈坎古村落群和罗东舒祠(亦即江南名祠"宝纶

---

① 安徽省徽州文化博物馆：《徽州文化》，2007年版，第79页。

阁")两处国家重点文物保护单位——此种"一村双国保"的情况在安徽省独一无二,在全国亦极为罕见。另外,以黟县的西递和宏村为代表的皖南古村落,在2000年被联合国教科文组织列入《世界文化遗产保护名录》。这些都说明,尽管历史已穿越了数百年,但劫后余生的徽州,依然有大批精美的牌坊、宗祠和古民居得以保存,这在全国均颇为罕见。

除了地表人文景观外,徽州素称"文献之邦",这指的是当地遗存的传世历史文献特别丰富,方志、族谱、文集以及民间文书等可以说是汗牛充栋。据当代学者估计,徽人著述总数超过7000种,目前存世的也当在4000种以上。《四库全书》合存目收书凡3441种,收入徽人著作152种,占总数的二十三分之一[①]。徽州方志不仅数量多而且质量高,特别是反映基层社会的乡镇志(含村落志)有相当不少。族谱的数量也相当可观。徽州人重视修谱,民间素有"三世不读书,三世无仕宦,三世不修谱,则为下流人"的说法。现存明代的善本族谱,绝大多数出自徽州。而中国国家图书馆所藏善本族谱共400余部,其中徽州族谱就占到一半以上。上海图书馆馆藏一万多种族谱中,数量最多的除了金华、绍兴地区外,就是出自徽州的族谱。除此之外,值得关注的还有大批的民间档案文书。徽州文书是继甲骨文、汉晋简帛、敦煌文书、大内档案之后20世纪中国历史文化的第五大发现,在皖南,徽州

---

① 徽州文献课题组:《徽州文献与〈徽人著述叙录〉的编撰》,《徽学》2000年卷,安徽大学出版社2001年版。

文书以其"数量大、种类多、涉及面广、跨越历史时代长、学术研究价值高"而备受世人关注,迄今已发现的徽州文书多达数十万件(册),对此,已故的徽州文书专家周绍泉特别强调:"自徽州文书发现以来,一个以研究徽州历史文化为对象的新学科——'徽学'(又称'徽州学')在学术界逐渐形成,并日益为国内外学者所瞩目。"①

众多的地表人文景观和丰富的历史文献,使得徽州研究的学科前景非常广阔。徽州的地域社会及文化,在明清时代具有相当的典型性,甚至可以说,是传统中国研究中最具典型意义的区域社会之一。也正是由于徽州的这种典型意义,所以许多学科都关注徽州,如历史、文学、建筑、艺术、医学、手工业、武术、出版等方面,凡是谈到明清时期南中国的社会文化,一般都或多或少地要涉及徽州或徽商。

20世纪80年代以后,随着中国改革开放的推进,商业史研究成为史学研究中的热门课题,徽商研究愈益受到学界瞩目,这促进了对徽商史料的广泛收集,除了方志、族谱、文集和笔记之外,徽州文书的价值亦受到更多的重视。在国内外诸多学人的共同努力下,以徽州社会经济史及相关的历史文化现象为研究对象的"徽学"呼之欲出。

"徽学"这一词汇,在历史文献中早已出现。清初赵吉士称:"文公为徽学真传。"此"徽学"乃新安理学和徽州学术。1932年,黄宾虹在致许承尧的信中写道:"……遇有歙人墨

---

① 《徽州千年契约文书·前言》,花山文艺出版社1991年版。

迹,仍当留意收入,以借采择。歙中他姓族谱记载轶闻,往往有所见。如见书画篆刻之人,能分类录存,亦徽学之关系于国粹者,祈公赞助之。"①因徽州府的前身为歙州,在黄宾虹笔下,"徽学"亦作"歙学",此处的"徽学"也就是有关徽州的学问,属于徽州地方史的范畴,可以看作是20世纪80年代以后"徽学"之滥觞。

20世纪80年代以来,"徽学"逐渐发展成为一门新兴的综合性学科。对徽学这样一门新兴学科,是称"徽州学"还是"徽学",学术界曾有不同意见。大体说来,徽州本土的学者多强调应称为"徽州学",突出"徽州"二字,认为简称为"徽",会被人误解为安徽,而不是徽州;而徽州本土之外的学者则多主张应作"徽学",他们认为,徽学不仅是研究徽州,还研究徽州之外的其他地区。不过,一般情况下许多学者通常是将"徽学"与"徽州学"并称。因此,这种争论并没有实质性的差别,如果更为醒目的话,称之为"徽州学"亦未尝不可。但早在世纪之交,教育部设立第一批人文社会科学重点研究基地,其中,"徽学研究中心"就榜上有名,从此,"徽学"的学科化研究得以展开。虽然当时的定位为综合性学科,包括历史、文学、哲学以及旅游等,但无论如何,这标志着教育部对于"徽学"这一综合性学科的认可,也可算得上是约定俗成,故不妨将"徽学"视作"徽州学"的简称。

---

① 上海书画出版社、浙江省博物馆编:《黄宾虹文集·书信编》,上海书画出版社1999年版,第162页。

一、徽州何以成学？

"徽学"是一种具有范式意义的"区域研究"，其核心是明清以来徽州的社会经济史，是研究徽州社会、徽商以及徽商在全国各地活动产生的相关问题的一门学问。徽州一府六县的边界是清晰的，但徽学研究却从来没有画地自守的疆界。研究徽州，绝非仅仅着眼于徽州地方史，而是为了通过徽州研究，深入了解南宋以来（特别是明清以降）的中国社会，立足于徽州区域研究提供的丰富内涵，深化对整体中国的认识，解释中国大历史。近年来，利用徽州文书对徽州社会经济及历史文化作综合性的研究已形成一个重要趋势。"徽学"以其丰富的内涵，以及层出迭现的新史料而处于明清史研究的前沿，具有极为广阔的学术前景。目前，徽州研究已从传统历史学领域单纯的明清社会经济史研究，逐渐转变而为对徽州历史文化加以综合性探讨的一门独立学问。鉴于徽州历史文献的巨量遗存及其基本特征，没有社会经济史研究就没有"徽学"，这一点应当没有什么疑问。不过，独木难以成林，一门学问的确立以及能否自成一体，端赖于该学问内涵之大小以及研究力量的强弱，"徽学"的研究亦复如是。徽州文化博大精深，除了史学之外，哲学、文学、艺术、宗教等诸多方面的研究均有待深入，唯有如此，方能全方位地支撑并推动一门学问的各个分支之齐头并进。

二

徽学研究的历史回顾

（一）徽学发展的几个阶段[①]

1. 20世纪50年代以前

以1958年徽州文书第一次大规模发现为分界，可将20世纪的前50年，看成是徽州研究的第一阶段。此一时期，作为徽州地方史的"徽学"概念出现，在徽州当地学者收集、整理民间文献的同时，小规模的徽州文书也在徽州之外的南京首度被发现，后来构成"徽学"研究重要内容的徽州佃仆制和徽商，已引起学界的关注。但此一时期的徽州研究，绝大多

---

① 本小节参考以下诸文：周绍泉：《徽州文书与徽学》，《历史研究》2000年第1期；卞利：《20世纪徽学研究回顾》，《徽学》第2卷，安徽大学出版社2002年版；〔日〕中岛乐章撰，顾盼、张纯宁、何昇树译：《徽州文书的研究及其展望》，台湾《法制史研究》第6期，2004年；王世华：《徽商研究：回眸与前瞻》，《安徽师范大学学报》2004年第6期；黄山市地方志编纂委员会：《黄山市志（一2006）》（征求意见本）。

二、徽学研究的历史回顾

数仍属于地方史研究的范畴。

前文述及,1932年,著名画家黄宾虹在致许承尧的信中就提出了"徽学"的概念,他也最早认识到徽州民间文献的重要性。早在清末民初,黄氏与书画收藏家邓实一起,编辑出版了40辑的《美术丛书》,其中,就收录有徽州民间的一些抄本。他自己曾注意收集徽州乡土史料,如宗谱、家信稿底、先德日记和抄本等。1936年,黄宾虹还希望将来能创建一所大型的博物馆(如"黄山博物院"),以供大众观瞻。不过,他当时的注意力主要还是集中在对艺术品尤其是书画的收集、整理上,真正在这方面有所作为的是他的朋友许承尧。

许承尧是安徽现代最为著名的学者、方志学家和诗人,他主编的民国《歙县志》,被公认为是一部徽州历史文化的集大成之作,具有极高的史料价值。而他个人所编的《歙事闲谭》,则是一部以辑录文献为主,兼有记述、议论和考证,旨在全面展示徽歙地区历史文化状况的史料长编。这些,都是以其对徽州乡土历史文献的大量收集为基础。1946年,73岁高龄的许承尧去世。而在此前的20余年间,他专心致志于乡邦文献的收集整理,所得甚夥,家藏书籍不下万余册。他收集的这批徽州文献,解放后大多归入安徽省博物馆。

除了当地学者的收集和研究之外,一些徽州文献也流往徽州以外的地区。抗日战争结束之初,当时的首都南京就有人设摊出售徽州文书,历史学家方豪收集了其中的部分文书,这是目前所知历史学界对徽州文书的第一次收集。

此一时期的徽州研究,主要集中在徽州的佃仆制度、徽商以及徽州地方史其他问题的探讨上。其中比较重要的,如1937年吴景贤发表的《明清之际徽州奴变考》一文,这是国内对相关问题较早加以探讨的力作。1947年,傅衣凌发表《明代徽商考——中国商业资本集团史初稿之一》,对徽商的出现及其活动、徽商资本之出路以及徽商在中国商业史上的地位等,均作了细致、深入的研究,该文是迄今为止系统、深入研究徽商的开山之作。在海外,1953年至1954年,日本学者藤井宏利用《太函集》中丰富的徽商史料,撰写、发表了长篇论文《新安商人的研究》,此文成了迄今公认的徽商研究的另一篇奠基之作。1954年,美国华裔学者何炳棣发表 *The Salt Merchants of Yang-Chou: A Study of Commercial Capitalism in Eighteenth-Century China*(《扬州盐商:十八世纪中国商业资本的研究》),也是与徽商研究相关的重要论文。

2. 1958年至1976年

自1958年徽州文书的成批发现,到中国的"文革"结束之前,这一时期,徽州文书第一次大规模发现,徽州文献受到国内外学界的高度关注。

20世纪50年代,正值中国的土改时期,在徽州各地都抄出成批的古籍,这些古籍通常被用来烧火、造纸、制造鞭炮或包装农产品。时任中华人民共和国文化部副部长的郑振铎,通过书商韩世保了解到相关情况,马上就在各种场合呼吁主管单位要从废纸中收集文献资料。由于郑氏的直接干

二、徽学研究的历史回顾

预,间接导致了徽州文书的第一次大规模发现①。1956年,与韩世保关系密切的书商余庭光奉命筹建屯溪古籍书店,通过大量收购、抢救、保护和利用徽州古籍。1958年,余庭光前往徽州祁门县供销社废品收购站寻觅古籍,意外购得整整30只麻布袋的徽州文书。这批原始的徽州文书,通过《屯溪古籍书店契约目录》之介绍,流向全国各地,引起学术界的极大轰动。此后,徽州文书被不少图书馆、博物馆、档案馆和大学研究机构收藏,这可以说是徽州文书第一次大规模的发现。

徽州文书的第一次大规模发现,随着"文革"的发生而结束。此后,这批资料静静地躺在中国的各大收藏机构中,并没有引起多少人的关注。不过,民间在拆房、建筑施工中,在墙缝、地窖里经常发现成批的历史档案。其中的一部分,陆续被文物部门征购。

最初利用徽州文书发表研究论文的是傅衣凌,他利用中国社会科学院历史研究所等机构所藏的明代佃仆关系文书,于1960年发表《明代徽州庄仆文约辑存——明代徽州庄仆制度之侧面的研究》。翌年,中国人民大学的韦庆远在其《明代黄册制度》一书中,介绍了数件明代徽州的户籍文书。1963年,中国社会科学院经济研究所李文治和魏金玉在《历史研究》上分别发表《论清代前期的土地占有关系》、《明清时

---

① 参见:王振忠《搜读人间未见书》(上)、(中)、(下),分载《读书》月刊2009年第1期、第2期、第3期。

代佃农的农奴地位》,二文均利用经济研究所所藏的徽州文书。由此可见,50年代末新发现的徽州文书,对于当时研究土地制度、阶级斗争等,均提供了新的史料。一些敏感的学者,已充分认识到徽州文书的重要价值。1962年,著名经济史学家严中平写有《关于抓紧收集徽州地区发现的档案文书给中央档案馆负责同志的信函》,就反映了当时学术界对于徽州文书的重视。不过,有关徽州文书的研究亦仅有寥寥数篇论文。此后,随着"文革"的到来,除了个别篇什外,学界对徽州文书的关注遂戛然而止。

在海峡彼岸,1971年至1973年,历史学家方豪整理了1946年在南京购得的徽州文书。他以"战乱中所得资料简略整理报告"为题,先后在《食货月刊》复刊上连续发表了11篇介绍性的文章。这些文章,是方豪陆续整理手头的文献,边整理边修正自己的看法,其实相当于读书笔记。但由前后11篇的内容来看,显然是愈来愈简略。从文章的总体内容来看,方氏最重视的是物价,在这方面他花了不少篇幅。1972年,方豪指出了这批资料的价值,"(民国)三十五年余在南京购得之一批文件……其中固有属于物价等经济史料者,但有关社会史料更多。即如本刊一卷九期所刊出之入泮贺礼,为社会史,亦为文化史……"可见,方氏充分认识到这批资料在社会文化史研究上的价值。不过,此种从社会文化史角度对徽州文书的解读,直到20世纪90年代以后方才重新得到应有的关注。当然,由于政治的阻隔,方豪似乎未能注意到中国大陆有关徽州社会经济史方面的研究成果,他对

二、徽学研究的历史回顾

相关资料的整理亦颇有尚可斟酌之处。

除了对徽州文书的研究之外,中国大陆学者通过对原始文献的爬梳、整理和研究,探讨徽商、徽州商业资本的形成及其特色、徽州土地关系、明末清初的奴变以及徽墨、版画及印刷等一些问题。这些研究,在后十年(亦即"文革"期间)几乎完全陷于停顿。在美国,何炳棣于1962年出版的 *The Ladder of Success in Imperial China*: *Aspects of Social Mobility*, *1368-1911*[①](即《明清社会史论》)中,有一些内容涉及徽商的社会流动。1971年,哈佛大学杨联陞将该校燕京图书馆所藏的《典业须知》一书之内容悉数标点整理,发表于台湾的《食货月刊》复刊第1卷第4期。《典业须知》是有关清代徽州典当业运作记载最为系统、内容最为丰富的一份商业文献,但在20世纪70年代杨氏标点此书时,因徽商研究尚未充分展开,故而此书的内容及其学术价值并未得到应有的认识。在日本,除了多篇有关明清盐商及相关问题的研究之外,还有对徽州庄仆制、地域开发、徽州茶商以及商业书与商人书的探讨。

3. 1977年至2000年

自"文革"结束至世纪之交,可以看作是徽学研究发展的第三阶段。此一时期,"徽学"作为一个专门的学问逐渐形成,并受到学界的认可;徽州研究资料的发现、收集、整理和研究均取得突破性进展;徽学研究的成果层出迭现、方兴

---

① New York, Columbia University Press, 1962.

未艾。

此一阶段成规模的徽州文书之发现,当首推歙县芳坑的江氏茶商史料。芳坑位于歙县南乡的新安江畔,这一带至迟自明代中叶起商业就相当发达。江氏茶商在道光以前主要是在广州从事洋庄茶经营,道光以后转往上海。江氏茶商史料是保存比较完整的徽商家族文书,遗留下数百本账簿、几千封的商业信函以及札记、竹枝词和其他实物,数量相当庞大。除此之外,在徽州还发现了不少其他的文书。尤其是随着80年代以来大陆各地(特别是东部地区)"收藏热"的升温,徽州文书的流向更趋多元化。皖南的书商,定期编制书目,寄往全国各地的收藏家手中。大批的徽州文书通过各种渠道流入海内外旧书市场,这使得一些私人收藏家手中也积聚了不少的档案文书。各类拍卖会资料中,出自徽州的契约文书、书籍占有很大的比例。2001年出版的《田藏契约文书粹编》一书,即是私人藏品的一次公开展示。其中所收录者,徽州文书就占了相当大的比重。2003年,北京图书馆出版社出版的《故纸堆》,其中也有大批的文书出自徽州。这些,主要都是在20世纪八九十年代从皖南收集到的。在此种背景下,尽管仍在民间的徽州文书究竟有多少,是个谁也无法估计的数目,但对于学界而言,这些散落民间的徽州文书面临着一个"再发现"的过程。在这一过程中,不少机构和个人都收集到为数可观的文书史料。

就学术研究而言,"文革"结束后,章有义致力于对中国社会科学院经济研究所所藏租簿、置产簿等的研究。稍后,叶显

二、徽学研究的历史回顾

恩也加紧了对徽州文书的研究。1983年,叶氏出版了《明清徽州农村社会与佃仆制》。1984年,章有义出版《明清徽州土地关系研究》;1988年,他又出版了《近代徽州租佃关系案例研究》。1989年,荷兰学者Harriet Thelma Zurndorfer(宋汉理)出版 *Change and Continuity in Chinese Local History*: *The Development of Hui-Chou Prefecture*, *800 to 1800*(《中国地方史的变迁与延续:800至1800年徽州府的发展》)一书,这是西方学界最早、较为全面的研究徽州社会文化的学术专著。此一时期,徽学研究步入了一个极为活跃的阶段。

自80年代以来,徽州研究愈益受到学界关注,这主要表现在:其一,专业学术期刊或栏目的创办:1985年,黄山市徽学研究会创办《徽学通讯》和《徽学》会刊。同年,黄山市社会科学界联合会创办《徽州社会科学》期刊,设有各类徽学研究栏目。此外,《江淮论坛》亦有"徽州学"栏目,《安徽史学》也定期发表各类徽学研究论文。其二,徽学领域的学术交流日趋频繁:1988年,由中国社会科学院历史研究所、经济研究所、安徽大学和安徽省博物馆共同发起、主办的"徽州文书契约整理学术讨论会"在安徽大学召开,与会学者围绕着徽州契约文书之价值及其整理、出版展开讨论。1990年,"徽州社会经济史学术讨论会"在安徽师范大学召开,探讨的内容涉及徽商、徽州土地制度和徽州社会风俗等诸多方面。此后,以"徽(州)学"为主题的研讨会几乎每年都曾举办。这些持续召开的会议,有力地推动了"徽学"的形成。在此背景下，徽州受到海内外学界极大的关注，徽学研究朝向纵深方向拓展。其三，专业研究团队的集聚：安徽师范大学形成了以张海鹏、王廷元、唐力行、王世华等为中心的徽商研究群体，他们编纂了《明清徽商资料选编》(1985年)，并于十年后出版了《徽商研究》等著作。1983年前后开始，安徽省博物馆刘和惠、彭超、刘淼等人，也利用该馆收藏的徽州文书从事徽学研究，并于1988年出版了《明清徽州社会经济资料丛编》第1辑。在北京，1983年，以刘重日为主，在中国社会科学院历史研究所设立"徽州文契整理组"，负责徽州文书的整理。1990年出版了《明清徽州社会经济资料丛编》第2辑，1993年又影印出版了大型文书档案资料丛书《徽州千年契约文书》。1999年，安徽大学徽学研究中心成立，被列为首批教育部人文社会科学重点研究基地，这标志着"徽学"作为一门独立的学科，受到学界的正式承认。徽学研究中心出版了"徽学研究资料辑刊"系列及多辑的《徽州文书》，为徽学研究的进一步深入提供了一些新的史料。

此一时期，有关徽州研究的著作层出迭现，既有学术会议的论文集，又有专题研究的学术专著和海外译著。涉及的议题相当广泛，特别是徽商与徽州区域社会研究，受到了学界同等的关注。

4. 新世纪以来的徽学研究

2000年，作为徽州文化背景下皖南古村落的典型代表，黟县西递、宏村被列入《世界文化遗产保护名录》，这在客观上提高了徽州的知名度。在安徽省，除了安徽大学徽学研究

二、徽学研究的历史回顾

中心出版连续性的学术集刊《徽学》之外,还有一些单位也纷纷创立相关的期刊。如 2002 年创刊的《徽州文化研究》(黄山市徽州文化研究院编),2003 年安徽省徽学学会改先前的《徽州学丛刊》续办的《徽学丛刊》,2006 年黄山学院徽州文化研究所创办的《徽州学研究》,2009 年黄山市徽州学研究会重新出版的《徽学研究》等。后 4 种刊物,作者多为安徽学者,其中一些披露新史料、提供调查成果的文章颇具学术价值。在皖南,徽州当地的一批学者还编写了乡土文化教材《徽州学概论》,并于 2000 年公开出版。

此一时期,国内学界,除了《徽州文化全书》这样旨在全面展示徽州文化的系列丛书之外,有关徽商、徽州文书、徽州出版、宗族社会、人物评传、学术文化地理等方面的专著多达 20 余部,充分反映了徽学研究的新进展。而在海外,2006 年,日本学者臼井佐知子出版了她所编著的《徽州歙县程氏文书·解说》。在研究专著方面,陆续出版了法国学者 Michela Bussotti(米盖拉)的 *Gravures de Hui：étude du livre illustré chinois：fin du XVIe siècle-première moitié du XVIIe siècle*(《徽派版画:16 世纪至 17 世纪前半叶中国插图刻本研究》,2001 年)、日本中岛乐章的《明代郷村の紛争と秩序—徽州文書を史料として—》(2002 年)、韩国朴元熇的《明清徽州宗族史研究》(2002 年)、旅日熊远报的《清代徽州地域社会史研究—境界·集団·ネットワークと社会秩序—》(2003 年)、臼井佐知子的《徽州商人の研究》(2005 年)、旅美郭琦涛的 *Ritual Opera and Mercantile Lineage：*

The Confucian Transformation of Popular Culture in Late Imperial Huizhou(《仪式剧与商帮：明清时期徽州通俗文化向儒家文化的转变》，2005年)等多部徽学及相关研究的专著，这些，都折射出国际学术界对徽州区域社会及文化现象的极大关注。近年来，国内南京大学、复旦大学、安徽大学、安徽师范大学、中国社会科学院以及香港中文大学、台湾大学、台湾清华大学、台湾成功大学等，均出现了多篇以徽州研究为论题的硕士、博士学位论文或博士后工作报告，其中不乏视野开阔的佳作，反映了徽学研究新生力量的成长。

（二）徽学研究的学术领域

1. 徽商及相关问题研究

徽商研究

徽商是明清时代的商界巨擘，历来备受关注。1947年，傅衣凌发表《明代徽商考——中国商业资本集团史初稿之一》，从社会经济史的角度多侧面地论述了徽商的发展及其在中国商业史上的地位，该文为徽商研究的拓荒之作，开创了徽州研究的新天地。在海外，首先系统研究徽商的是日本学者藤井宏，他于1953年发表长文《新安商人的研究》。此后，徽商研究一直受到学界的高度重视。1958年，陈野(陈学文)的《论徽州商业资本的形成及其特色》，对徽商资本的形成、特色及其作用，亦有相关的论述。1983年，叶显恩出版《明清徽州农村社会与佃仆制》，该书辟有专章探讨徽州的商业资本和封建文化。到目前为止，从总体上研究徽商的著作已相当之多。1985年,安徽师范大学以张海鹏为代表的一批学者,编有《明清徽商资料选编》,该书是国内地域商帮研究方面最早的一部资料集,极大地推动了此后相当长一段时间的徽学研究。同年,《江淮论坛》编辑部编有《徽商研究论文集》,收入了24篇论文。此后,陆续出版了多部研究专著,主要包括:唐力行的《商人与中国近世社会》(1993年),张海鹏、王廷元主编的《徽商研究》(1995年),王振忠的《明清徽商与淮扬社会变迁》(1996年),王世华的《富甲一方的徽商》(1997年),唐力行的《商人与文化的双重变奏——徽商与宗族社会的历史考察》(1997年),周晓光、李琳琦的《徽商与经营文化》(1998年),李琳琦的《徽商与明清徽州教育》(2003年),陈学文的《徽商与徽学》(2003年),王廷元、王世华的《徽商》(2005年),日本学者臼井佐知子的《徽州商人の研究》(2005年),汪崇筼的《明清徽商经营淮盐考略》(2008年),冯剑辉的《近代徽商研究》(2009年);等等。此外,单篇的论文更是不计其数。

除了总体上的研究之外,对于各行各业中的徽商,亦分别有专门性的论述。

第一,盐、典、木商人号称"闭关时代三大商",其中,盐商又位居首位,故论述徽州盐商的文章最多。自20世纪40年代以来,日本学者藤井宏、中山八郎、佐伯富等,在从事明清盐政制度的研究中,多有涉及徽州盐商者。在西方,华裔学者何炳棣较早研究徽州盐商,他于1954年发表《扬州盐商:18世纪中国商业资本主义研究》(The Salt Merchants of

Yang-Chou: A Study of Commercial Capitalism in Eighteenth-Century China)一文。1962年,他在《明清社会史论》一书中,亦有一些篇幅论及两淮盐商,尤其是明清时期徽州盐商的社会流动。

与海外的研究状况相似,在20世纪60年代,国内对徽州盐商的探讨也是在研究两淮盐商的背景下得到一定的关注。1962年,杨德泉发表《清代前期两淮盐商资料初辑》和《清代前期的两淮盐店》二文,其中提及在扬州等地的徽州盐商。类似的情况持续了相当长的一段时间,直到80年代中期,随着徽商研究的兴起,才有专文以"徽州盐商"为题展开分析。如1983年,刘淼考述了两淮盐商中的徽商鲍志道及其家世,并以"清代前期徽州盐商和扬州城市经济的发展"为题,探讨了徽州盐商于盐业经营之外的有关经济、社会活动以及对扬州城市经济发展的影响(1987年)。1996年,王振忠汇集此前数年的研究成果,出版了《明清徽商与淮扬社会变迁》,该书由徽商与明清两淮盐政、徽商的社会流动及其影响、徽商与东南文化变迁三部分组成,从制度分析入手,探讨了徽州盐商、盐业与城镇、文化的发展,从经济史层面推进到社会史层面,利用竹枝词、乡镇志,一定程度上扩大了徽商研究的史料来源。

此外,有关徽州盐商的研究,还集中在徽商称雄两淮的过程和原因、徽商的商籍、盐业成本与徽商利润、资金流向等问题的探讨。近年来,利用新发现的档案文书从事盐商研究,受到学界愈来愈多的关注。如江巧珍、周晓光对歙县盐商江氏《二房赀产清簿》的介绍和研究(1999年、2001年),王振忠《一册珍贵的徽州盐商日记——跋徽州文书抄本〈日记簿〉》(2001年),汪崇筼《清代徽州盐商江仲馨获利案例试析》(2002年),江巧珍、孙承平《徽州盐商个案研究:〈疏文誓章稿〉剖析》(2005年),范金民《清代徽州盐商的销盐纠纷与诉讼》(2006年)等,都是这方面的代表性成果。除了新史料的披露和探讨外,从崭新角度的分析亦为人所瞩目。卜永坚《商业里甲制——探讨1617年两淮盐政之"纲法"》一文认为:明万历四十五年(1617年)在两淮盐政制度中形成的纲法组织,和定期编审户口、制定徭役的里甲制,无论在理念上还是操作上均无分别,因此,纲法可以说是里甲制在商业上的实践,是商业里甲制(2002年)。此一做法,与两淮盐业组织的嬗变和徽州盐商之发展密切相关。

第二,明清以来,江南一带素有"无徽不成典"的说法,徽州典商历来备受世人关注。因此,在研究明清典商或徽商时,往往都会涉及对徽州典商的研究。刘秋根《明清高利贷资本》(社会科学文献出版社2000年版)一书,对徽州典商颇有论及,尤其是对徽州典铺的经营方式和特点着墨甚多。而黄鉴晖在《明清山西商人研究》(山西经济出版社2002年版)中,也有一些篇幅涉及与徽州典商的比较。与徽州盐商研究相似,对徽州典商的专门性研究亦始于20世纪80年代。1986年,王廷元发表《徽州典商述论》,着重分析了徽州典商发展的原因及其特点。此后,王世华《明清徽州典商的盛衰》(1999年)和范金民、夏维中《明清徽州典商述略》(2003年)

二文,亦分别对徽州典商的特点、发展及其衰落加以概括。上述的研究成果,基本上是以传统的历史文献为史料展开的分析。1996年,日本学者新宫学利用碑刻资料,着重探讨了明末清初徽州典商与同业社会组织的关系,他所发表的《明末清初苏州常熟的同业组织与徽州商人》,虽然题为徽州商人,实际所论则为徽州典商。同年,栾成显《明末典业徽商一例:〈崇祯二年程虚宇立分书〉研究》,利用徽州文书,细致描绘了徽州典商的生活实态和家族典商的端倪。此后,王裕明利用徽州文书档案(如典铺经营的原始票簿等),对徽州典商、典铺作了一系列的研究,从徽州典铺的不同类型,考察徽州典商的经营实态,以及徽州典商与地方社会的关系(1999年、2004年、2005年)。日本学者臼井佐知子在其《徽州商人の研究》(2005年)第5章,以中国社会科学院历史研究所所藏文书为中心,不仅考察了徽州地域的"典"与"当"行为方式,而且还探讨了程氏典当业的经营与利益分配、贷款处理方法等。此外,涉及于此的还有汪庆元、汪崇筼、郑小娟等人。

由于以往对典当业的研究,多集中在对典当制度、典业内部运作的探讨,对于典当业者的社会生活所见不多,有鉴于此,王振忠注意利用新发掘的史料加以探讨,所发表的数篇论文,在研究角度上,除了考察典业经营规范、商业道德之外,更关注对典商社会生活史的分析(2001年、2004年、2005年、2007年、2009年)。

第三,1968年,日本学者重田德以民国《婺源县志》为中

二、徽学研究的历史回顾

心,就茶商记载作了分类研究,指出:徽商的代表性行业——盐、典二业在尚未完全衰败之前,便向新兴的以茶、木业为代表的新阶段转移。因此,这并不是单纯的衰败过程,而是一个新阶段的展开过程。而且随着这个过程的展开,徽商本身也在构造方面发生变化,这就是婺源商人的抬头。

在中国,以"徽州茶商"为题的专门性研究,目前所见,较早的论文为吴仁安、唐力行之《明清徽州茶商述论》,该文利用当时即将出版的《明清徽商资料选编》提供的史料,对徽州茶商的活动地区作了初步的勾勒,并对包括徽州茶商在内的徽商经营成功之原因作了分析(1985年)。20世纪80年代,歙县芳坑江氏茶商史料的大批发现,为徽州茶商的研究提供了第一手的珍贵史料。张海鹏、王廷元主编的《徽商研究》(1995年)中,就有江氏后人江怡桐署名的《歙县芳坑江氏茶商考略》。此后,安徽师范大学的学者利用这批资料,撰写了一些论著。1997年,王世华所著《富甲一方的徽商》一书中,就有对歙县芳坑江氏茶商的个案分析。周晓光发表《近代外国资本主义势力的入侵与徽州茶商的衰落》(1998年)、《清代徽商与茶业贸易》(2000年)等文,均较多地以江氏茶商史料为例。李琳琦、吴晓萍所撰《新发现的〈做茶节略〉》(1999年),对江氏茶商的商业书作了披露。王振忠也以收集到的芳坑江氏茶商抄本《万里云程》为中心,对清代徽州与广东的商路及商业,作了较为细致的研究(2001年)。此外,胡武林所著《徽州茶经》(当代中国出版社2003年版),收录并考释了歙县芳坑茶商江耀华抄录的《茶庄竹枝词》。

王振忠注意从社会文化史的角度,探讨徽州茶商的社会生活及其影响。如通过对徽商日记《日知其所无》抄本的笺证,展示民国时期汉口茶商的社会生活(2001年)。通过对"漂广东"的研究,揭开徽州茶商贸易史上的一页,分析了茶叶在中外贸易中的地位、徽商抄录的英语教科书之形成背景、茶商与牛痘种植,以及叶钟进《英吉利国夷情纪略》所反映的徽州人对于西方世界的认识等(2007年)。

此外,王珍、张雪慧、王国键、傅为群等人,也发表了相关的研究。

第四,徽州素有"盐商木客,财大气粗"之谚。1991年,唐力行发表《明清徽州木商考》,具体分析了徽州木商经营的三个环节——采伐、运输和销售,指出:木商在经营中必须面对统治者加重商税的政策,面对工人的怠工和运输途中的种种纠葛,面对其他商帮的竞争和内部的矛盾。会馆公所在处理这些问题时发挥了巨大的作用。木商在经营中积累了相当的货币资本,主要用来买田置地,支持宗族,因而起着加固明清社会经济结构的作用。1996年,李琳琦发表《徽商与明清时期的木材贸易》,指出:将西南、福建、江西、徽宁的木材运往江南地区是徽州木商贸易的重点,因而江南地区各个重要城镇就成了徽州木商的据点及其木材的集散地,木商的经营方式有合资和独资两种形式,大多能获取丰厚的利润。2002年,王振忠新发现的徽商小说《我之小史》抄稿本二种,为目前所知唯一的一部由徽商创作、反映商人阶层社会生活的章回体自传。据此,作者对晚清民国时期的徽州木商作了

二、徽学研究的历史回顾

较为细致的个案分析,从一个侧面展示了活跃在江南城镇中的徽商之经营活动及其社会生活(2006年)。何建木利用田野考察以及访谈收集到的史料,撰有《徽州木商世家——婺源西冲俞氏》(2005年)、《徽州木商俞子良的商业经营》(2008年)。他还根据木商后人俞昌泰的口述,整理有《一个徽商后代的回忆》(2006年)。

此外,比较重要的论文,还有张雪慧的《论明清徽商与西南民族地区社会经济关系》(1991年),该文重点阐述了徽州木商在西南地区的活动。1997年,台湾学者郑俊彬作有《明代四川木材的经营及其弊害》。2001年,韩国学者金弘吉亦专注于明末四川皇木采办的变化。近年来,贵州锦屏苗族山林契约的再度大批发现,更吸引了众多的学者。张应强的《木材之流动:清代清水江下游地区的市场、权力与社会》(生活·读书·新知三联书店2006年版)和梁聪所著《清水江下游村寨社会的契约规范与秩序——以文斗苗寨契约文书为中心的研究》(人民出版社2008年版)等书,亦均涉及徽州木商的活动。

第五,1993年,李琳琦发表《明清徽州粮商述论》,比较全面地探讨了明清时期长江区域粮食贸易中徽商的地位、作用及其经营特色,指出:徽州粮商将粮食经营与食盐经营、棉布经营相结合,从而形成了自己的特色。日本学者川胜守《明末长江三角洲新安商人经济动态之一斑》(1997年)一文,则着重对活跃于遍及长江中下游地区的徽州米商所经营的米业加以分析。作者认为,明清时期徽商自湖广、江西购买的米,不仅是将其贩运到三角洲下游地区,同时也是为了解决徽商桑梓故里米粮不足的问题。在徽商米粮贩运的过程中,以苏州、杭州、芜湖为中心的米粮流通圈(尤其是芜湖、杭州之米的流通路线)殊值注意。例如明末江南的流通动向中,杭州以东及南面的绍兴、宁波等府的米流通,显然与徽商左右米的流通密切相关。徽州米商将湖广、江西之米贩运到长江中下游地区,一是经芜湖、南京进入苏州、松江地区;另一条路线则是徽商将在江西饶州府买的米经饶河进入徽州府;此外,从绍兴、宁波等地所买之米,也大量运往徽州。但可以说,进入徽州的米尽管有一部分用于救荒,但有相当部分的米却没有停在徽州,而是再度由陆路进入南直隶、苏州、松江地区。之所以形成这样的米流通路线,其原因显然是为了规避芜湖、浒墅关的课税,另外也与徽商在丹徒县金山拥有米仓有着直接关系。当然,徽州米商的米流通圈,也是与长江中下游徽州米典商的发达息息相关。1997年,王世华在《富甲一方的徽商》一书中指出,粮业是徽商经营最久的行当之一,早在盐商、典商还未兴起之前,徽州粮商就已活跃于四方了。粮商发展经历过两个阶段:一是外采内销,即由邻近州县采买粮食,在境内销售;二是外采外销,即将四川、湖广、江西乃至安徽之粮,通过长江运往江、浙一带销售。由于徽州粮商从业早,行情熟,加上资金充足,所以在"西粮东运"中具有举足轻重的地位。

此外,吴媛媛《从粮食事件看晚清徽州绅商的社会作用——以〈歙地少请通浙米案呈稿〉和〈祁米案牍〉为例》

二、徽学研究的历史回顾

(2004年)和刘朝晖《嘉庆八、九年间浙江截米案探析》(2005年)二文,在分析特定年代事件中,亦将徽州粮商作为重点的研究对象。

第六,棉布业中的徽商活动,最早是在明清江南市镇研究的脉络中受到学界的关注。早在1957年,傅衣凌在其《明代江南市民经济试探》附录《论明清时代的棉布字号》中,就涉及徽商的布号。1986年,陈忠平在《明清时期江南市镇的布号与布庄》中,则就徽商的布号与布庄活动作了进一步的考察。此后,范金民等的《明清时期活跃于苏州的外地商人》(1989年)、《清代江南棉布字号探析》(2002年)、《清代江南棉布字号的竞争应对之术》三文(2009年),亦皆涉及江南一带徽州的棉布字号。

1991年,王廷元发表《明清徽商与江南棉织业》,专文论述徽商在江南棉布贸易中的重要地位,指出:江南许多盛产棉布的城镇都是徽商最活跃的地方;徽商在江南棉布的收购、染色、运销等环节中都发挥了重要作用,既是最活跃的棉布收购商,也是江南棉布染踹业的主要经营者,更是最活跃的棉布贩运商;徽商在棉布贸易中的活动,促进了江南棉织业中商品生产的发展,也促进了江南棉织业技术的提高,而且,徽商投资于棉布染踹业,有助于资本主义萌芽的滋长。与前揭的总体概述不同,近年来,利用徽州文书资料从事棉布业研究渐成风尚。2001年,范金民利用《徽州千年契约文书》所收《万历程氏染店查算帐簿》,以明代徽商染店的一个实例,对徽商合伙开设染店的经营状况作了较为深入的分析。刘秋根亦发表《明清徽商工商业铺店合伙制形态——三种徽商帐簿的表面分析》,通过股东构成及其权力、行为角度,分析了徽商的合伙制经营形态(2005年)。

江南的棉布商人,亦引起日本学者松浦章的兴趣,他的《徽商汪宽也与上海棉布》(2000年)一文,就徽商和上海棉布业的关系、民国时期与上海棉布业有密切关系的徽商汪宽也,以及有关上海布业公所的状况等,作了较为细致的考察。

第七,明清时代徽商在海外的活动,最早的研究多集中在明代中叶(特别是"海禁"和"倭寇"的问题上)。日本学者藤井宏曾认为:明清时代徽商的海外贸易活动以王直的活动为其顶点,明末以后走向衰落,到清朝则主要倾其全力经营国内商业(1953—1954年)。1989年,聂德宁发表《试论明代中叶徽州海商的兴衰》一文,对明代前期的私人海外贸易与徽州海商之兴起、明代中叶徽州海商的活动范围、历史地位与作用等,作了系统的分析,指出:以"徽王"王直为中心的徽、浙海外贸易集团,将徽州海商的海外贸易活动推进到一个前所未有的鼎盛阶段,猛烈冲击了明朝的海禁政策,加速了明代中日官方贸易向民间贸易的转变,无疑有其进步意义。1990年,唐力行发表《论明代徽州海商与中国资本主义萌芽》,呼应戴裔煊对嘉隆间"倭寇海盗"的重新评价,从剖析徽州海商的经营活动入手,探讨"倭寇海盗"与中国资本主义萌芽的关系,他指出:明清时期,中国已受到西方的冲击,为此,有必要将区域研究置于世界大局中加以考察。除了有关"倭寇"问题的探讨外,王廷元《徽州海盗商人胡胜》(2003

二、徽学研究的历史回顾

年)一文,则通过研究朱纨所编《甓余杂集》收入的供状,指出:徽州海盗商人胡胜充当了葡萄牙殖民势力侵华的帮凶,是葡人在商业上的附庸,胡胜等人的活动有悖于徽州商业资本的运动方向。2004年,叶显恩发表《明中叶中国海上贸易与徽州海商》一文,指出:徽商于明中叶崛起的原因固然是多方面的,但它与16世纪东亚海域贸易格局的变化所提供的历史机遇密切相关。此外,在日本,有中岛敬、神田辉夫对《日本一鉴》的研究(1996年、1997年、1999年、2000年)。

关于清代的徽州海商研究,1984年,松浦章发表《清代徽州商人与海上贸易》一文,利用海事资料,首次揭示了清代徽商利用沿海来扩大其商业范围,并以巨额资本从事海外贸易的事实。此后,唐力行对《日本碎语》(即《袖海编》)作了介绍,比较了中日礼俗的不同,认为:"商人才是最早睁眼看世界的中国人。"(1996年)1999年,王振忠通过介绍佚存日本的苏州徽商资料《唐土门簿》以及《海洋来往活套》,收集中日两国的随笔、笔记、碑刻、墓志、族谱和尺牍等资料,较为详细地钩稽了清代中日贸易中的徽商史迹,考察了苏州、徽州与日本的经济、文化关系。

与海商相关的是旅外徽籍华侨的研究,蒋海波《歙县旅日华侨张友深的研究》一文,根据张友深家族提供的文献资料,分析了张友深在大阪、神户华侨社会中的作用和他投资芜湖大昌火柴公司的曲折经历(2006年)。

第八,除了盐商、典商、茶商、木商、粮商、布商、海商之外,其他的商人也有一些涉及。譬如,有关墨业和墨商的研究,可以分为两个阶段:1995年以前,主要是围绕着有关徽墨的生产和鉴赏,涉及徽商者,集中于胡开文。这可能是因为胡开文墨店在解放后仍在经营,故而受到较多的关注。在这方面,徐子超、陈希也都曾发表一系列的文章,钩稽胡开文墨店的基本史实(1985年、1989年、1992年)。除了对胡开文的研究外,在1995年以前,唯一比较特别的是台湾学者刘石吉的文章,该文对1924年上海徽帮墨匠罢工风潮加以细致分析,进而指出:徽帮墨匠抗议事件,提供了20世纪20年代城市手工工人集体行动的一个缩影。从中,既可得见传统手工业的乡土性格,亦可感受到手工工人对新的营业自由、契约规章的要求,与近代和平主义、文明式的抗议行动之浮现,以及在劳资纠纷中,官方与业缘性的工会组织等第三者调解仲裁的新模式(1989年)。

及至1995年,张海鹏、王廷元主编的《徽商研究》出版,该书第10章即利用第一手的分家文书,对胡开文的经营文化作了细致的剖析,其中提及的"分家不分店,分店不起桌,起桌要更名",在徽商家族企业中具有相当的普遍性。此后,王振忠利用新发现的婺源岭脚詹彦文墨庄的珍稀文献及族谱资料,作有《晚清婺源墨商与墨业研究》(2005年)、《从谱牒史料谈徽州墨商的几个问题——以光绪戊戌环川〈(璁公房修)詹氏支谱〉为中心》(2008年)。何建木亦发表《徽州墨商世家——婺源虹关詹氏》(2006年)、《婺源墨作、墨商的分布与徽墨产销》(2008年)等文,通过系统爬梳方志史料,对婺源墨作、墨商的分布与经营特点加以总体概述及个案

二、徽学研究的历史回顾

分析。

除徽州墨商外,徽馆业亦颇具特色。《徽州文化全书》中的《徽菜》(2005年)一书,主要根据当地人的回忆撰述,部分章节涉及徽馆业,但较为简单。所谓徽馆,是指徽菜馆和徽面馆之总称。徽馆是绩溪人经营的一种传统行业,较之席丰履厚的盐商、典当和木商等商界巨擘,一般说来,绝大多数徽馆业者因其本小利微而显得不太起眼,再加上徽馆业所从事的是人们日常生活中最为普通的营生,较前三者似乎也并没有更多值得记录在案的专业知识。故此,有关他们的文献记载也就相对较少。以往涉及徽馆业的成果以民国以来的绩溪县志和徽馆当事人的回忆录最为重要。2004年,王振忠发表《清代、民国时期江浙一带的徽馆研究——以扬州、杭州和上海为例》一文,利用新发现的徽商征信录等史料,对清民国时期江浙一带的徽馆之源流脉络及其相关的慈善事业,作了较为细致的探讨。

此外,有关徽州牙商、鱼商、瓷商、书商、药商等,也有一些零星论文涉及。

与徽商研究相关的,还有商书(商人书与商业书)和会馆、同乡会的研究。

商书研究

明清时代,徽州是商书编纂最多的地区。作为商贾之乡,徽州的商书编纂蔚然成风,而商书的大量出现,又培养了一代又一代的徽州商人。关于徽州商书的研究,很早就引起学界的重视。日本学者寺田隆信、斯波义信、水野正明、山根幸夫等,均曾涉及相关的议题。臼井佐知子所撰《徽州文书と徽州研究》一文(1997年),则较为系统地论述了徽州商书的概况。

在国内,1992年,山西人民出版社出版了由杨正泰校注的《天下水陆路程、天下路程图引、客商一览醒迷》,其中的《天下水陆路程》、《天下路程图引》,都是徽人著作。此外,杨正泰另著有《明代驿站考(附:一统路程图记、士商类要)》(1994年版,2006年再版)。1997年,陈学文亦利用他在日本收集到的资料,写成《明清时期商业书及商人书之研究》一书。他将明清商书按内容分为三大类:一为商业经营;二为水陆路程;三为二者兼而有之。陈氏认为,商书的内容主要有两个方面:一是商业知识(包括水陆路程、商品知识、市场知识、防盗防骗的技巧),二是经商之道(包括经营技巧、经营思想、商业道德等)。前者可称之为商业书,后者可称为商人书。当然,也有相互混杂的现象。

除了上述成果外,吴敏、魏金玉、王振忠、李斌、韩大成、邱澎生、张海英和陈联等人,亦都涉及商业书的研究,其成果主要包括:新资料的介绍,商编路程所见交通地理研究,对徽商经营方式、商业道德规范的探讨以及徽州商业文献之分类及价值,等等。

会馆、同乡会研究

20世纪20—30年代,日本学者根岸佶对上海徽宁思恭堂的组织运营,作了初步的探讨。1948年,仁井田陞从业缘与地缘关系的角度,对北京的歙县会馆以及在京从事茶业的

二、徽学研究的历史回顾

徽州人加以较为细致的分析。1991年,寺田隆信利用《重续歙县会馆录》等资料,探讨了北京歙县会馆的诸多侧面。1993年,旅日学者张冠增又发表对北京歙县会馆的研究,对会馆成立的年代与会馆之源流、会馆设立的背景与发展、歙县会馆的构成与活动、歙县会馆的机能等,均作了简要的描述。除了上海、北京的徽州会馆外,2003—2004年,王日根从会馆研究的角度切入,对安徽及徽州会馆作了探讨,发表有《清代会馆发展中的官商相得——以苏州安徽会馆为例》、《徽州会馆与徽州戏的播扬》诸文。范金民则利用诉讼案卷,探讨了围绕着徽商兴建六安会馆而引发的土客纠纷(2005年)。此外,还有一些文章则致力于徽州会馆资料的发掘。

对于徽州会馆的总体研究,迄今尚不充分。在这方面,陈联作有《商人会馆新论——以徽州商人会馆为例》(2001年),通过分析徽州商人会馆产生的原因、发展过程以及功能作用,指出:会馆是在社会变迁背景下产生的,一般由慈善设施演变而成。同乡会馆维护商业利益的机制尚处在萌芽阶段,作用有限,从总体上来说,会馆仍然是地域商人的慈善组织与设施。2004年,他又发表《徽商会馆概说》,对徽州会馆的地域分布及其特点等,作了较为细致的勾勒。

关于徽州同乡会的研究,王振忠利用新发现的《徽侨月刊》,探讨了徽州旅浙硤石同乡会的活动轨迹及其影响(2001年)。而郭绪印编著的《老上海的同乡团体》(2003年),则利用档案等史料,对徽宁会馆、徽宁旅沪同乡会、歙县旅沪同乡会等,都作了较为细致的梳理。2008年,上海师范大学沈树永完成了《徽宁同乡会研究》的硕士学位论文(唐力行指导)。

2. 宗族与徽州区域相关问题研究

宗族研究

1983年,叶显恩出版《明清徽州农村社会与佃仆制》,该书第4章专门论述徽州的"封建宗法制度",涉及的内容包括:徽州的封建宗族组织,祠堂、族长与族权,家谱的修撰和宗规家法,族田在宗法制中的作用。另外,对宗族社会背景下的佃仆制度,更作了重点的观照。此后,叶氏研究的重点转向珠江三角洲,1996年发表《徽州与珠江三角洲宗法制比较研究》一文,概括了内陆山区与东南沿海宗法制度之异同,展示了开阔的学术视野。

自1984年起,唐力行开始陆续发表徽学研究成果,他先后出版有《商人与中国近世社会》(1993年)、《商人与文化的双重变奏——徽商与宗族社会的历史考察》(1997年)、《明清以来徽州区域社会经济研究》(1999年)、《徽州宗族社会》(2005年)、《苏州与徽州——16—20世纪两地互动与社会变迁的比较研究》(2007年)等著作,其中,尤以《徽州宗族社会》一书为其代表性的学术专著。

赵华富从20世纪90年代起,以谱牒史料为中心,结合实地调查,撰写、发表了一系列的调查报告,后结集而成《两驿集》(1999年)、《徽州宗族研究》(2004年)二书。他通过诸多实证性的例子,概述了徽州宗族的兴起、组织结构、祠堂和祖墓、谱牒、族产、族规家法、宗族传统以及经商风尚等。

在海外,1989年,荷兰学者Harriet Thelma Zurndorfer

二、徽学研究的历史回顾

(宋汉理)出版 *Change and Continuity in Chinese Local History: The Development of Hui-Chou Prefecture, 800 to 1800* 一书,其中也有一些章节涉及宗族的发展及其特色。此外,韩国学者朴元熇的《明清徽州宗族史研究》(2002年)、台湾学者朱开宇的《科举社会、地域秩序与宗族发展——宋明间的徽州,1100—1644年》(2004年)和刘道胜的《明清徽州宗族文书研究》(2008年),也都是宗族研究领域的重要著作。此处需要特别提及的是,2005年,常建华出版《明代宗族研究》,该书探讨了宗族祠庙祭祖形态及其演变、宗族制度与乡约推行的关系,以及士大夫重建宗族的理论探讨和具体实践。其中有专章专节讨论徽州的宗族祠庙祭祖、宗族的乡约化以及族规等问题,研究相当深入、细致。

此外,章有义、彭超、江太新、刘淼、郑振满、铃木博之、周绍泉、栾成显、陈柯云、张雪慧、刘和惠、夏维中、王裕明、林济等人,分别涉及徽州的族产形态、族产的经营与分配等方面的研究。1993年,周绍泉和赵亚光校编、出版了《窦山公家议校注》,该书为研究徽州宗族族产的来源、作用,庄仆制,宗族与官府的关系,族权对族众土地所有权的干预等,提供了丰富翔实的资料。陈柯云、中岛乐章还专门对宗族的山林经营作了研究。除此之外,有关徽州宗族的研究,还聚焦于以下几个方面:徽州宗族社会与宗族制度、宗族与徽州社会、徽州名族志、大族志与家谱研究、宗族与移民的关系,以及纯粹谱牒学方面的研究(如具体考证某一姓氏的源流脉络),等等。最近,宗族管理与社会控制方面的研究颇多进展。唐力行、陈瑞及韩国学者洪性鸠等,均围绕着此一问题,陆续发表了多篇论文。关于徽州宗族的文化建构,亦引起黄国信、温春来、章毅、卜永坚等人的重视。

佃仆制研究

佃仆制是徽州研究中一个重要的课题,其先声为"奴变"研究。早在1937年,吴景贤就发表《明清之际徽州奴变考》,对明清鼎革之际徽州爆发的以宋乞为首的反抗斗争作了专题探讨,集中涉及徽州佃仆方面的一些史料,这是从"奴变"的角度涉及徽州佃仆制的早期论文。1947年,傅衣凌作有《伴当小考》一文,专门考证元明以来伴当的来龙去脉以及清代徽州府伴当存在的历史原因。1949年,他又发表《明季奴变史料拾补》一文(此文于1979年另增加了"后记"),再一次披露了"奴变"的相关史料。此后,徽州"奴变"问题得到学术界的持续关注。1957年,刘序功发表《略谈清初徽州的所谓"奴变"》;1958年,程梦余又发表《宋七与徽州"奴变"》。这些,都涉及明清时期徽州的佃仆问题。可见,早期的徽州佃仆制研究,是从徽州"奴变"研究的角度切入的。1960年,傅衣凌发表《明代徽州庄仆文约辑存——明代徽州庄仆制度之侧面的研究》,这是首度较为系统地以庄仆制度(佃仆制)为中心的研究论文。此后,佃仆制研究成了徽学研究的中心议题之一,引起了学界的高度关注。诸位学者综合各类文献,特别是刑科题本、族谱、民间契约文书等,多角度地探究了佃仆制的盛衰递嬗,基本上厘清了佃仆的来源及其所受经济剥削、人身束缚的基本情况。1983年,叶显恩出版《明清徽州

二、徽学研究的历史回顾

农村社会与佃仆制》,这是佃仆制研究的标志性成果。此后,对于佃仆制及相关的大、小姓纷争,仍然不断引起学界的关注。

棚民问题研究

棚民与清代徽州的社会经济、生态变迁关系密切。1978年,冯尔康《试论清中叶皖南富裕棚民的经营方式》,就涉及徽州的棚民问题。此后,叶显恩《明清徽州农村社会与佃仆制》(1983年)、杨国桢《明清土地契约文书研究》(1988年)二书中,均有相关的章节论及棚民问题。杨国桢认为,明清时代祁门县的山区经济,从庄仆营山到出现棚民营山,是历史的一大变化。棚民营山的商品化倾向之中断与夭折,又使祁门山区经济的发展出现倒退,这可以说是皖南山区经济变迁的一个缩影。与此差相同时,方家瑜、刘秀生的相关论文,对此亦有涉及(1985、1988年)。这些论文,爬梳了徽州棚民的基本史料,并据此认为:棚民开发了山区,但也引起徽州地方社会和生态环境的变迁。

1993年,中国第一历史档案馆编有《嘉庆朝安徽浙江棚民史实》,提供了棚民研究的一些新史料。日本学者渋谷裕子则根据调查资料,撰写了《杉とトウモロコシ—安徽省休宁县の棚民调查—》(1999年)和《清代徽州休宁县にぉける棚民像》(2000年)二文,这是结合实地调查撰写的学术论文。

近年来,随着社会史、生态史研究的深入,棚民问题再度引起历史学界的重视。卞利、陈瑞、谢宏维、张萍、赵赟、梁诸英等人,都相继发表论文。他们主要关注社会控制、地方应对机制、生态环境变迁等,但除了使用的资料有所扩充外,所论述的问题及基本结论,并无太大的变化。

土地关系及赋役制度研究

有关徽州土地关系研究方面代表性的成果,是章有义的《明清徽州土地关系研究》(1984年)和《近代徽州租佃关系案例研究》(1988年),两书均为论文集,共收入论文25篇,作者利用中国社会科学院经济研究所收藏的置产簿、分家书、地租簿等私家账册,研究明清以来徽州地区的土地关系或租佃关系,探讨佃户流动率的变迁、地租形式和租额的变动、主佃间征租和抗租斗争的发展、农田生产率状况等,藉以说明封建租佣关系对农业生产力的严重桎梏和土地改革的历史必然性。1988年,杨国桢亦出版《明清土地契约文书研究》。该书力图透过土地契约文书反映出的土地所有权内部结构及其历史活动,揭示明清社会演进的底蕴,其中有专节涉及徽州。2005年,刘和惠、汪庆元出版《徽州土地关系》一书,较为全面地概述了徽州的土地所有制形态、土地使用关系、土地权属的转移、土地管理以及赋役等问题。

除了专著外,周绍泉、阿风、江太新、刘和惠、刘淼、郑力民、卞利、夏维中、王裕明、中岛乐章、草野靖等人,亦从不同角度切入研究。除了有关土地价格、土地买卖、土地经营问题的探讨外,还有与永佃权有关的一田两主、租佃关系等方面的研究。对于土地买卖文书中"用语"的研究,1999年,阿风在《徽州文书中"主盟"的性质》一文中,对土地买卖文书中

二、徽学研究的历史回顾

"主盟人"的地位和法权关系作了详细说明,认为主盟多为具有尊长身份的近亲属,其中尤以"主盟母"情形为数最多,其目的是为了确保土地所有权的转移。"主盟"这一土地交易中法律用语的产生是中国传统社会中"一统于尊"家庭制度的特点造成的。2003年,刘和惠在《明代徽州地契中的"地骨"和"山骨"》中指出:从明到清徽州山地并没有像农田那样出现土地所有权的分割——"一田二主","地骨"和"山骨"都是徽州土语,"山骨"是山地的别称,而"地骨"的含义不一,除了是山地的别称外,还是房屋基地以及地土的代称。在此基础上,刘氏认为:"这两个语辞的考证,不仅仅是辞义本身解释的正误,它还涉及到徽州以致全国民间土地所有权分割为二类别的范围和出现的时间。如果按过去的误解,不但把徽州民间土地所有权分割为二扩大到山地、房屋,还把其出现的时间推到了明初。显然,这样只能给历史面貌加上一层灰尘。"因此他呼吁:"有关徽州文书契约和土地关系的研究仍应在资料工作上多下功夫。"

徽州文书中鱼鳞图册、黄册底籍、归户册、实征册和编审册等的发现,将对赋税制度的探讨提高到精密性研究的层次。栾成显的《明代黄册研究》,是该领域代表性的研究成果。除了黄册研究外,近年来,栾氏还致力于鱼鳞图册的探讨,发表了多篇论文。2004年,陈支平出版《民间文书与明清赋役史研究》一书,涉及徽州的赋役制度研究。其中,《从程氏〈置产簿〉看明末清初休宁民间户粮推收之虚实》一文,通过对明代崇祯十五年(1642年)休宁县程氏家族设立的

《置产簿》之分析,藉以了解政府册籍与民间实际运作的相互关系。《清代徽州的赋役册籍与基层实态》一文,亦根据清代徽州民间的若干契约文书,对当时徽州民间户粮的登记、交纳、转移以至规避的情形,作了细致的考察。他还利用明万历年间徽州知府古之贤所著《新安蠹状》提供的珍贵史料,对明代后期徽州一条鞭法实施中的相关问题(易知由单的别称、屯粮由单、粮长佥派等)加以剖析(2008年)。

与黄册、鱼鳞图册相关的土地丈量与里甲制问题,亦引起了韩国学者权仁溶与中国学者夏维中、王裕明的重视,他们对徽州地区土地丈量中的人役佥选、组成、分工以及文书押署等问题,展开了辩驳。

会社研究

会社是徽州基层重要的组织形式之一。1990年,日本学者涩谷裕子发表《明清時代徽州江南農村社會における祭祀組織について—〈祝聖會簿〉の紹介—》,利用南京大学所藏明末崇祯至民国年间的民间文书,对祝圣会这一地缘性的祭祀组织加以探讨,指出:祝圣会之长期运行,表明基层社会中的地缘性祭祀组织最终并未完全为宗族组织所取代,反而是在运营过程中达成了地缘和血缘的融合。1995年,涩谷裕子又发表《清代徽州農村社會における生員コミュニティについて》,以康熙年间婺源庆源村詹元相《畏斋日记》为中心,考察了清代徽州农村生员的生活世界。1997年,她的中文论文《明清徽州农村的会组织》发表,该文指出:明清徽州农村"会"组织的存在与宗族制度之关系密切,在宗族制度发达的徽州,人们在经济、思想等方面均受宗族制度控制的情况下,可以通过参加"会"组织发挥自己的主观能动性。继涩谷裕子之后,刘淼亦关注徽州的会组织,他在1995年分别发表《清代祁门善和里程氏宗族的"会"组织》《清代徽州"会"与"会祭"——以祁门善和里程氏为中心》二文,聚焦于祁门善和里程氏的"会"组织,探讨了"会"的种类、会祭、分胙与办酌等,他认为:宗族内的"会"组织,乃是以祭祀和信仰为基础而组合的人群,"会"的大量出现,意味着宗族生活已开始出现分化,"会"组织量的发展,势必对传统宗族组织产生冲击。2002年,他在《中国传统社会的资产运作形态——关于徽州宗族"族会"的会产处置》一文中,进一步根据现存大量的宗族"族会"文书,考察了明清徽州会社产业的处置过程、交易方式、族会产业经营、发展趋向和影响等。与刘淼的研究差相同时,王日根亦考察了徽州会社的产生、类型、田产来源,他认为:宗族制度在基层社会管理发生作用的同时,亦有其无力的一面。宗族较多偏重于宗族内部的利益,会社虽有以宗族为单位建立的,但它的社会作用却不是过去宗族功能的体现,而是为了适应社会变迁所作的积极调整,表明了宗族功能社会化的倾向(1995年)。此外,卞利《明清时期徽州的会社初探》(2001年)一文,从徽州会社的含义和类型、徽州会社的功能与作用以及徽州会社的特点等三个方面,分别对明清时期徽州会社组织加以较为全面的论述。夏爱军也利用《祝圣会会簿》,研究明清时期的迎神赛会,她认为:明清时期宗族为了加强对其成员的控制,将原本依靠血缘维持的祭祀行为转换成以会的形式进行祭祀,从而使宗族祭祀祖先的行为变得更加规范。同时,宗族充分利用徽州特有的地方信仰,通过祭祀不仅加强了宗族自身的凝聚力,还将这种凝聚扩散到整个徽州(2004年)。胡中生《徽州的族会与宗族建设》(2008年)指出:明清时期徽州的族会组织非常多,族内文教、祭祀和经济性的会组织都在宗族建设中发挥了自己独特的功能,与宗族、祠堂有着强烈的互补、合作关系,推动了徽州宗族的发展,维护了地方社会的稳定。族会的存在,为徽州社会提供了更为多元化的色彩和弹性空间。

与会组织相关的,是会书的研究。2004年,束隆定发表《从一份民国三年会书看徽州民间"邀会"》,而熊远报亦发表《清民国时期における徽州村落社会の钱会文书》。此后,徐越、方光禄(2005年)以及胡中生(2006年)等均专文论及。这些文章都发掘出一些新的史料,而且大多肯定钱会在徽州宗族和商业社会中融资与救助的双重功能,并认为这是徽州民间社会保持稳定的重要经济因素。

3. 社会文化史研究

社会文化史研究的内涵极为丰富,近年来,相关方面的关注日益增多。王振忠所著《徽州社会文化史探微——新发现的16—20世纪民间档案文书研究》(2002年)一书,从社会文化史的角度,研究徽州的村落、宗族与社会变迁,探讨乡土习俗及民间文化,考述启蒙读物与商业书类,并重点观照了"徽侨"与长江中下游的区域社会。作者指出,对于徽州文书的研究,除了应继续关注土地关系、诉讼案卷和商业文书

二、徽学研究的历史回顾

之外,还须广泛收集和整理民间收藏的有关民俗、文化方面的文书史料,以期更为全面地理解和研究徽州传统社会。熊远报所著《清代徽州地域社会史研究——境界・集団・ネットワークと社会秩序》(2003年),其中的第一部分为"乡村社会交错的境域与集团",第一章"清代徽州的村落图——农村社会景观复原的尝试",利用徽州地方志与族谱中的村落图,论述了聚落的设施与居住形式,信仰与政治、文化的象征系统,社会的结构和村落的整合等景观、象征问题,还讨论了村落与境域的问题。卞利所著《明清徽州社会研究》(2004年),系由专题论文整合而成,分别对明清徽州社会变迁及大众心态嬗变,家庭和宗族结构,乡约与会社,徽商、徽州民俗与徽州社会,民事纠纷与乡规民约,徽州社会问题,徽州文书、文献等方面,展开细致讨论。

社会文化史涉及的范围极广,譬如家庭史研究,受到学界较多的关注,唐力行《明清徽州的家庭与宗族结构》(1991年)一文,利用家谱所提供的明末清代家庭、人口资料加以数量统计,通过抽样调查和计量分析,揭示了徽州的"小家庭—大宗族"结构,并指出徽商对于这种结构之形成起到了关键性的作用,而且,此一结构的形成,对于徽商乃至徽州社会又产生了重要的影响。王日根依据《徽州会社综录》、《窦山公家议》等,对徽州庶民家庭延续发展的内在机制作了探讨。他认为:明清庶民地主家族的发展,靠的是权利与义务的结合、较为稳定的经济基础之维持以及对传统社会诸多有效资源的利用等(1997年)。周绍泉透过明初徽州的一桩诉讼案,探讨了与这起诉讼案相关的三个家庭之内部结构及其相互关系,考察了一个家庭演变为一个家族的过程,认为在大宗族里,出现大小不等、时间前后不一的小宗族,形成多层次、多分支的宗族结构(2001年)。

徽州的妇女生活,亦较早受到学界的关注。1988年,田汝康在海外发表的论文,对徽州方志中数量庞大的烈女事迹加以探讨,他认为:明清时期徽州烈女殉夫现象的严重,与商业和科举的兴盛息息相关。而方志中烈女事迹的大量记载,又与失意文人之精神寄托有关。唐力行在《商人与中国近世社会》(1993年)、《明清以来徽州区域社会经济研究》(1999年)和《苏州与徽州——16—20世纪两地互动与社会变迁的比较研究》(2007年)等一系列论著中,都对商人妇的社会功能及其与徽州社会的关系,作了比较详尽的研究。与唐氏的研究主要根据文集、族谱等不同,阿风则从徽州文书的角度对妇女史展开分析。他于2002年完成博士学位论文,并公开发表了多篇相关论文,最后结集而为《明清时代妇女的地位与权利:以明清契约文书、诉讼档案为中心》(2009年)。他指出:徽州文书是研究南宋至清前期家庭婚姻关系的最重要史料,从女性史研究的角度而言,徽州文书具有无可替代的作用。台湾学者陈瑛珣《明清契约文书中的妇女经济活动》(台明文化事业有限公司2001年版)一书,虽非徽学专著,但无论是所引资料及相关论述,均颇多涉及徽州。

再如,有关民间信仰、宗教研究方面。日本学者川胜守认为,徽州是非常严格地维持宗族制度秩序的地方,明清时代宗族文化的兴盛,抑制了佛教、道教的发展(2000年)。对此,国内一些学者亦有类似的看法。这些印象,明显来自方志和文集,倘若扩大史料来源,得出的结论可能会有所不同。如果说,川胜守的研究是一种较为宏观的认识,那么,下列的一些研究,则是从比较具体的个案观察此一历史发展趋势。阿风《从〈杨干院归结始末〉看明代徽州佛教与宗族之关系——明清徽州地方社会僧俗关系考察之一》(2002年),以明代诉讼案卷《杨干院归结始末》为中心,结合同一时期徽州府发生的其他同类事件(如歙县柳山方氏围绕真应庙祀产与守视僧发生的诉讼案),探讨明代中期徽州地方社会宗教的发展状况与宗族发展的新趋势。《杨干院归结始末》系明嘉靖十七年(1538年)刊本,上述研究,反映了民间文献对于徽州民间宗教研究的重要价值。陶明选《张王、太子及相关诸神——徽州文书所见民间诸神信仰》(2008年),便以徽州文书为中心,对徽州的太子神作了新的考证。他认为:徽州民间诸神信仰具有多重性与复杂性,徽州民间诸神得以崇奉的根本原因在于其符合儒家准则,儒是徽州民间诸神的主要特色。除了张王、太子及相关诸神外,五通、五猖神亦受到较多的关注。在这方面,韩森(Valerie Hansen)、万志英(Richard von Glahn)、郭琦涛、王振忠等,均有专文论及。此外,应当提及的论文还有臼井佐知子的《明清时代之宗族与宗教》,她通过考察徽州等地的民间文书后指出:在明清时代,几乎没有个人向宗教团体捐献相当于家产的土地,且对寺院等的修缮工作往往采取同族人共同进行的方式,这是由当时的社会状况以及人们的信仰方式所决定的(2004年)。

关于徽商与民间信仰。王振忠《明清徽州的祭祀礼俗与社会生活——以〈祈神奏格〉展示的民众信仰世界为例》(2003年),重点关注了明清以还在长江中下游一带盛行的"徽礼"(徽州礼俗)。作者认为:刊本《祈神奏格》集中反映了徽州一府六县民间祭祀的惯例,从中折射出徽州民众的信仰世界和地域社会生活。明清时代"徽礼"在江南各地传播的脉络,亦可于此得以清晰地把握。韩国学者曹永宪《徽州商人的淮、扬进出和水神祠庙》(2008年)一文,考察了徽商介入运河城市建立水神祠庙的过程,指出:徽商积极投资水神祠庙与往来淮、扬地区的船舶利用者、城市居民有着密切关系。对徽商来说,祠庙的重建无异是一种"投资"。徽商藉此满足了运河城市的社会需要,进一步提高了在当地的社会名望。徽商通过参与重建镇江金龙四大王庙,祈愿水路运输的安全和致富,并将祠庙利用为强化同乡人凝聚力的会馆。

除了研究论文外,王振忠还介绍了一些徽州的民间宗教科仪等,虽然对于这些资料的深入解读尚待展开,不过,仅仅从资料的介绍中,便可看出徽州民间宗教的多元性,可能并不像以往人们所认为的儒教主导下的宗族文化抑制了佛教、道教的发展。

4. 法制史研究

徽州法制史研究,涉及民间的诉讼、纷争以及与此相关的问题。日本学者中岛乐章从里甲制和诉讼两个角度切入研究徽州的社会结构,他考察了明代前、中期里甲制下的纠纷处理。2002年,围绕着该课题的主要论文汇集而为《明代乡村の纷争と秩序——徽州文书を史料として》,分别就宋元明初徽州乡村社会与老人制的成立、明代前半期里甲制下的纷争处理、诉讼文书所见明代中期的老人制与地方官的裁判、以休宁茗洲吴氏为中心的纷争与宗族结合的展开、明代后期徽州乡村社会之纷争处理、明末徽州的佃仆制与纷争等作了动态的研究。此外,商事纠纷与商业诉讼是明清法制史和商业史领域共同关注的问题。关于这一点,范金民撰有专著《明清商事纠纷与商业诉讼》(2007年版)详加讨论。在2004年出版的《明清徽州社会研究》一书中,卞利除了重点探讨明代徽州的民事纠纷与民事诉讼、明清徽州健讼的表现形式、讼师的作用之外,还初步涉及了乡规民约的研究。2008年,他出版《国家与社会的冲突和整合——论明清民事法律规范的调整与农村基层社会的稳定》,专门探讨明清民事法律规范,如:户籍法,田宅交易法,土地租佃关系立法,典当和借贷法律规范,婚姻、家庭和财产继承等方面的法律规范,民事诉讼法,对"健讼"和讼师的立法调整等。并以典型的个案剖析,探讨明清徽州的民事纠纷与民事诉讼,从明清徽州的乡规民约看国家法与民间习惯法之间的冲突与整合。除了上述的专著外,周绍泉、熊远报、阿风、郑小春、夫马进、高桥芳郎、韩秀桃、金仙憓、胡中生、陈柯云等人,亦涉及相关的研究。这些成果主要集中在有关诉讼文书的分类、特点及其史料价值,诉讼制度及其运作实态,诉讼与地方社会的研究等问题上。

5. 艺术史研究

自明代中叶起,由于徽商刻意追求文人士大夫的生活情趣,凭借着巨额资产,大量收购金石、古玩和字画,征歌度曲,以至于整个社会的审美旨趣都发生了根本性的转变。与此同时,伴随着徽商的富盛,以及徽人对文化孜孜不倦的追求,在东南的文化市场上,新安商人俨然成了操执牛耳的盟主。因此,明清以来的艺术史,与徽州人的活动密不可分。对徽州艺术史方面的研究,也历来备受关注。

目前在徽州艺术史研究中,已形成了一些专门的门类。譬如,徽派版画源于徽州发达的刻书业。1934年,郑振铎就发表《明代徽州的版画》,将徽派版画作为专门的对象加以介绍。1940—1942年,他编有《中国版画史图录》等。此后,对徽派版画的关注便源源不断。1983年,安徽人民出版社出版了周芜编著的《徽派版画史论集》,这是一部对徽派版画加以系统探究的专著。此后,张国标编著《徽派版画艺术》图录(1996年)和《徽派版画》(2005年)。后书对徽派版画的研究现状,徽派版画之形成、发展,书画刻坊与出版家,徽派版画主要画家、刻工,徽派版画的形式与技术,汪廷讷与胡正言版画的贡献,以及徽派版画主要代表作品等,都作了较为全面的概述。石谷风编著《徽州木版年画》(2005年),从版画工艺研究的角度,收录了一些徽州木版年画。在海外,意大利学者米盖拉(Michela Bussotti)于2001年出版了她研究版画的力著。此外,还有一些论文涉及徽派版画,如美国学者居蜜和叶显恩合作的《明清时期徽州的刻书和版画》(1995

年),总结了徽州刻书和版画的特色。台湾学者马孟晶、林丽江分别对《十竹斋书画谱》和笺谱以及《环翠堂园景图》等,有精细的研究(1999年、2001年)。

有关新安画派的研究,早在1935年,黄宾虹就发表《新安派论略》,简要述及新安画派的形成及其嬗变,并罗列了"新安派之先"、"新安派同时者"、"新安派四大家"和"清代新安变派画家"等。此后,他又发表《渐江大师事迹佚闻》,开始对新安画派主要代表人物渐江的研究(1940年)。1964年,安徽人民出版社出版了由汪世清、汪聪编纂的《渐江资料集》,为进一步的研究提供了重要的史料。1987年,安徽美术出版社出版《论黄山诸画派文集》,收录了多篇重要的论文。其中,日本学者新藤武弘《在日本的黄山画派作品及其研究》一文,对中日文化交流中新安画派的影响,有着细致入微的分析。1990年,张国标出版《新安画派史论》。徐卫新、程映珍合作编著的《黄山画人录》,收录了有史以来的徽州地区画家1000余人,可作新安画派研究的参考工具书。2005年,安徽人民出版社出版郭因、俞宏理、胡迟合著的《新安画派》一书,对新安画派加以较为全面、系统的概述。同年,在历史学界,王世华、李锦胜亦发表《明清徽商与新安画派》。

关于书画鉴藏史,从黄宾虹开始,就注意到书画鉴藏家对新安画家艺术创作的重要影响。此后,汪世清对徽商收藏家和赞助人作了系列考证。在此基础上,1984年以后,陈传席陆续发表《略论渐江和新安画家》等数篇文章,探讨徽商与艺术赞助的相关问题。与此差相同时,台湾李大空的《明清之际赞助艺术的徽州商人》,对于徽商和"安徽画派"的关系亦作了探讨,指出:徽州商人在16世纪末17世纪初的艺术资助是他们"绅士化"的一方面,倘若没有他们的艺术收藏和艺术资助,也许就不存在"安徽画派"(1987年)。James Cahill(高居翰)于20世纪80年代在美国开设新安画派的研究课程并策划了相关展览,他在《黄山之影》文集[①]中相当强调明清书画家与徽州收藏家之间的关系,并将徽商视作艺术赞助人和收藏家。1999年,王振忠在《〈唐土门簿〉与〈海洋来往活套〉——佚存日本的苏州徽商资料及相关问题研究》一文中指出:明代中叶以还,徽商在江南一带大规模地收集文物,曾经引起整个社会鉴赏时尚的变迁。其实,倘若从中日贸易的角度考察,便不难看出,日本的古玩鉴赏风尚是与中国江南一带密切联系在一起的。徽州人"近雅"或附庸风雅的背后,实际上有着深层的商业动机。2005年,张长虹完成《明末清初徽州商人的艺术赞助与收藏》的博士学位论文,并先后发表数篇论文,探讨徽州书画鉴藏及其艺术市场的基本面貌。他的《晚明徽商对艺术品的赞助与经营》,利用《美国哈佛大学燕京图书馆所藏明代徽州方氏亲友手札及其考释》提供的材料,从赞助方式、艺术品经营形态、收藏状况等方面作了细致论述,较大地丰富了徽商与书画鉴藏关系的研究。此外,涉及徽商与艺术鉴藏的文章,还有日人井上充幸对清

---

① *Shadows of Mt. Huang : Chinese Painting and Printing of the Anhui School*, University Art Museum, Berkeley, 1981.

人吴其贞《书画记》的研究(2004年)、沈振辉的《徽商与民间收藏的发展》(2005年)以及鲍义来的《徽州收藏漫录》(2006—2007年)。

与艺术史相关的还有戏剧史的研究,在这方面,由台湾施合郑民俗文化基金会出版、王秋桂主编的"民俗曲艺丛书"中,有多部有关徽州戏曲方面的研究资料。日本学者田仲一成对徽商与目连戏的研究(1990年),以及利用徽州文书探讨中国戏剧的起源问题(2002年)、徽州宗族的社祭组织与里甲制(2005年)、徽州农村的演剧(2008年)等,展现了徽州民间文献的多方面学术价值。2005年,朱万曙出版《徽州戏曲》一书,并整理《新编目连救母劝善戏文》。旅美学者郭琦涛,于1994年完成以徽州目连戏为主题的博士论文[①],后出版 *Ritual Opera and Mercantile Lineage: The Confucian Transformation of Popular Culture in Late Imperial Huizhou* 一书。上述的学术成果,更多地反映了多学科综合研究的倾向。

6. 其他

明清以来,徽州社会素重教育,民间有"十户之村,不废诵读"的说法。因此,徽州的教育史为徽学研究的重要方面。台湾学者刘祥光以徽州教育作为攻读美国哥伦比亚大学的博士学位论题,他通过考察自宋至清歙县、休宁二县公私教

---

① *Huizhou Mulian Operas: Conveying Confucian Ethics with "Demons and Gods"*, University of California, Berkeley, 1994.

育机构之建立及维护状况,探讨公元 10—19 世纪国家与社会之间的互动①。2003 年,李琳琦出版《徽商与明清徽州教育》,这是徽州区域教育史研究的力著,书中分别探讨了徽州的社会文化特点与教育传统、明清徽州学校教育的发展及其与徽商的经济关系、徽商与学校教育结合的社会心理分析、商业发展与封建伦理教化网络的严密、顺应时代潮流的徽州商业教育、徽州教育的特色及其对商业发展的影响,并对徽商崇儒重教加以个案剖析。稍后,他又以此为基础出版有《徽州教育》一书(2005 年)。

历史人物研究方面,王茂荫无疑受到了极大的关注。王茂荫是马克思在《资本论》中提到的唯一的一位中国人,此人系歙县人,出生于徽商世家。咸丰四年(1854 年),时任户部右侍郎的他因再议钞法震怒朝廷,受到皇帝申饬。近 70 年来,因《资本论》的提及,学界对王茂荫的研究一直没有中断,特别是有关其人货币思想的研究,在中国经济思想史和中国货币史等领域的著作中几乎都有涉及。2005 年 6 月,曹天生出版《王茂荫集》,收录了《王侍郎奏议》之外少量未公开发表的王茂荫遗稿以及与王氏相关的文字资料。同年 12 月,张成权亦出版《王茂荫与咸丰币制改革》一书,较为系统地剖析了王茂荫的生平事迹与经济思想。除了王茂荫外,王直、胡宗宪、胡正言、戴震、胡适、胡传、陶行知、胡晋接等,也受到

---

① Liu Hsiang-Kwang, *Education and Society: The Development of Public and Private Institutions in Hui-chou*, 960-1800, Columbia University, 1996.

二、徽学研究的历史回顾　　　　　　　　　　　　　　51

了学界的较大关注。其中,与徽学相关较重要的成果有:台湾黄学堂的《胡传传》(1997年)、卞利的《胡宗宪评传》(2001年)、蔡锦芳的《戴震生平与作品考论》(2006年)和徐道彬的《戴震考据学研究》(2007年)等。

关于徽州文学的研究,韩结根著有《明代徽州文学研究》(2006年),该书分诗歌创作、传记文学、小说和戏剧几个部分,对明代中后期的徽州地域文学作了全景式的展示。作者对明代后期徽州人所编的《广艳异编》和《亘史》加以系统研讨,不仅基本厘清了两书的来龙去脉,而且更发现二书对晚明白话小说的巨大影响。该书出版后,引起了学界尤其是古典文学研究者的重视,2009年,张振国作有《明代徽州文言小说集续考》,就其所见作了补充性的研究。朱万曙则注意到明清徽商之壮大与文学的变化,他指出:明清时代商人阶层之壮大,改变了此前的文学生态:他们与文人士大夫的频繁交往,刺激了后者思想观念的变化。由于与文人交往密切,商人成了文学的描写对象,文学题材得以丰富。与此同时,商人作为新的读者群,其阅读需求和审美趣味也促进了文学体裁的变化。商人大批刊刻文学作品,促进了文学创作与传播。部分商人加入文学创作队伍,使得明清作家的成分也发生了变化(2008年)。此外,更有一些文史学者,以小说中的徽商素材研究明清时代的徽商形象。

有关徽州科技史的研究,仍然颇为薄弱。明清时代徽州学术思想较为活跃,科技领域人才辈出。洪璞于1990—1991年先后发表《明清徽商与科学技术的发展》和《明清徽州科技发展述评》,指出:徽商对16、17世纪以来徽州社会变革起着明显作用,而科技的发展正是徽州社会总体变革的有机组成部分。徽商的崛起与兴盛,为徽州科技的发展创造了条件。她进而对徽州科技在明清时期所取得的成就,作了一个基本的估价。2005年,张秉伦、胡化凯出版《徽州科技》一书,较为全面地概述徽州科技发展史,重点观照了徽州人在数学、天文学、地学、物理学与机械制作技术、茶叶与蚕桑、生物学、技术与工程等方面的成就。此外的其他研究,则注意到新史料的发掘。譬如,宋代胆铜法重要专著《浸铜要略》早已失传,但在《星源甲道张氏宗谱》中却保存了《〈浸铜要略〉序》和《〈浸铜要略〉后序》,为冶金技术史研究填补了部分空白。清道光年间张耕湄制作了模拟天体运转的铜仪,记录此事的文献《耕湄新制铜仪记》亦刊载于徽州谱牒中。近年来,孙承平等人围绕着此文,发表过多篇文章予以讨论(2003年、2004年)。

"新安医学"提法之出现较晚,虽然此一医家群体颇显松散,既无实质性的组织,也没有足以代表群体核心的思想,从近代科学史意义上看,并非严格的学派或流派。不过,自北宋迄至明清,徽州名医辈出,世传师授,代不乏人,著述宏富,在中国医学史上占有重要地位,却也是不争之事实。因此,将"新安医学"视作特定地区、特定历史时期具有重要影响的医家群体加以重点探讨,自有其独具的学术价值。目前的"新安医学"研究,主要包括医学史、中医学术两个方面。除了中医学者对新安医籍、徽州医家的考证之外,在历史学界,

"新安医学"亦引起愈来愈多的重视。2003年,Joanna Grant 的专书 *A Chinese Physician: Wang Ji and the Stone Mountain Medical Case Histories*[①],专门讨论了明代徽州医家汪机及其《石山医案》。2004年,台湾学者张哲嘉重点观照了江南的医学集团,其中指出:徽州乡里风气重医如重儒,而且当地出身的医者有意识地融合医、儒两道,为世所重,再加上徽人远游外地谋生,遂使徽医的表现容易为世人所知。熊秉真《乾隆歙医许豫和人事初考》一文,则对乾隆时代许豫和及其许氏幼科作了较为全面的分析,以此实例探究新安幼医或近世中国地方医疗与地方医说、医派之形成(2009年)。2008年,台湾大学涂丰恩以《从徽州医案看明清的医病关系(1500—1800)》为其硕士学位论文。而在大陆,唐力行也指导苏卫平完成上海师范大学硕士论文《明清以来徽州区域的疾病与医疗卫生体系研究》(2009年)。稍后,他们合作探讨了明清以来徽州宗族所建立的疾病预防、医疗和救助较为完善的医疗体系,指出:族医制度与徽州宗族的价值观,促进了新安医学的发展(2009年)。此外,近年来,还有一些学者注意从东亚文化交流史的角度,探讨新安医籍的外传与回流。

粉墙黛瓦马头墙的徽派建筑,形成于16世纪,它与徽商的兴盛密切相关,又随着徽商的发展而流行于长江中下游的一些地区。早在20世纪50年代,徽派古建筑就引起世人的关注。1953年,刘敦桢发表《皖南歙县发现的古建筑的初步

---

① Needham Research Institute Series, New York: Routledge Curzon.

调查》,对歙县西溪南(今属黄山市徽州区)的古建筑作了调查和探究。1957年,由张仲一、曹见宾、傅高杰和杜修均合著的《徽州明代住宅》,由建筑工业出版社出版。此外,殷涤非、胡悦谦亦发表《歙南古建筑调查中的一些认识》、《徽州地区的明代建筑》。自此以后,来自建筑学家的关注就一直未曾中断。东南大学建筑系与歙县文物管理所、婺源博物馆等合作,出版有《徽州古建筑丛书》(东南大学出版社出版),如《棠樾》(1993年)、《瞻淇》(1996年)、《渔梁》(1998年)、《豸峰》(1999年)、《晓起》(2001年)等。这些古建筑丛书,除了概述性的调查文字外,还包含大批的实测绘图、照片等,对于徽学研究极富参考价值。2005年出版的《徽州文化全书》,有朱永春所著《徽州建筑》,该书对徽州建筑沿革、形态特征、结构、工艺特征、景观意象与艺术境界、徽州建筑空间、建筑风格、风水术与徽州建筑、徽州建筑的审美理想和美学特征、徽州园林以及徽派建筑的欣赏、研究、保护、开发与继承等,都作了多角度的概述。此外,对于徽州村落的研究亦引起了多学科的重视。刘沛林的《古村落:和谐的人聚空间》(上海三联书店1997年版)一书,从选址、布局、地域差异、特征与标志等方面,探讨了中国古村落的空间意象,其中,就大量引用到徽州的实例。《徽州文化全书》中的《徽州村落》(陆林、凌善金、焦华富著),亦对徽州村落的演化、选址、布局形态、空间组织以及宗法观念、文化氛围、园林情调的空间体现等,作了初步的概述。此外,值得一提的还有美国学者 *Nancy Berliner* 的 *Yin Yu Tang : The Architecture and Daily Life of a Chinese House* 一书(2003年)。

不少学者还立足于自身的学科本位,结合文献学的方法研究徽州文书。1992年,周绍泉对徽州文书的分类作了初步的探讨。严桂夫、王国键所著《徽州文书档案》,则对徽州文书档案的形成、发现、收藏和整理,以及徽州文书档案的特点、种类等,加以较为全面的概述。与此种总体性的观照不同,一些学者还对各种类别的文书档案作了深入、细致的专题性探讨。在这方面,比较有特色的如:张研对清代徽州分家文书书写程式的考察与分析,熊远报、阿风、郑小春等人对诉讼文书的研究,刘道胜、陈瑞对宗族文书的关注,伍跃以徽州发现的官方文书探讨文书上的用印问题,等等。此外,方孝坤作有《徽州古文书词语考释》(2007年),对徽州文书中出现的一些词汇作了初步的考释。在这方面,相关的探讨尚待深入。

(三) 本领域研究示例

徽州地处皖南低山丘陵地区,这里,"商成帮,学成派",是传统中国研究中最具典型意义的区域社会之一。近数十年来,经过海内外诸多学者的共同努力,"徽(州)学"已蔚为大观,愈益受到明清史学界的高度重视。纵观"徽学"研究的脉络,可以说,徽州研究从其发端、拓展到进一步深入,每一进展几乎无不是以新史料的发现、整理与利用为其前提。

1. 叶显恩著《明清徽州农村社会与佃仆制》(1983年)

该书是海内外徽学研究领域最具影响力的经典之作。

作者运用马克思主义的观点和方法,通过爬梳丰富的历史文献,并结合实地调查,相互参证,对明清时代徽州的社会经济史作了深入、细致的探讨。全书共6章,涉及徽州的历史地理、封建土地占有关系和乡绅阶层、徽州商业资本、徽州的封建宗法制度、徽州的封建文化和徽州的佃仆制度,书末附有《关于徽州的佃仆制的调查报告》和休宁茗洲吴氏《葆和堂需役给工食定例》。全书史料丰富,内容翔实,以宗法土地所有制为中心展开分析,既有宏观性的论述,又有微观性的探讨。就研究的论题而言,既对徽州农村社会作了全景式的研究,又有对佃仆制的重点观照,"实现对一地区的典型剖析"(傅衣凌、杨国桢语)。该书涉及徽州研究的诸多侧面,不少方面均具有开创性的学术价值。

2. 张海鹏、王廷元主编《徽商研究》(1995年)

该书是20世纪90年代中期出版的徽商研究之重要著作。全书由张海鹏、王廷元、周晓光、李琳琦、鲍义来、周绍泉、张健等人撰写,共分11章,分析了徽州商帮的形成、发展与衰落,徽商的资本积累及其出路,并分地域(长江流域、两淮)、分职业(盐、茶、木、粮、典、布)加以研究,对徽商与封建势力、徽商的"儒贾观"和商业道德、徽州文化等问题亦作了较为深入的探讨。第10章"徽商个案研究",则利用徽州文书(特别是20世纪80年代新发现的歙县芳坑江氏茶商史料),研究徽商的经营方式。

3. 栾成显著《明代黄册研究》(1998年)

黄册制度是明代赋役的基本制度,历来备受关注。作者利用较系统的黄册文书档案,就黄册制度及相关问题作了一系列专题探讨,研究徽州的家族构成、宗法关系之遗存、析产分户的诸种形态等,皆多所发明。书中着重研究了明万历九年(1581年)田土清丈的效果、一户田土的地段分布、一个图土地占有的阶级分配、土地买卖的比重和频率、地主制经济的产权形态,并撰有"明清农村经济结构"专章,探讨封建国家、地主、农民三者之间的关系。这都是黄册研究的创新,也是该书的最主要贡献。对此,吴承明指出:"黄册底籍和有关文书的发现是史学界的一件大事,它引导明代黄册研究出现一场革新。……利用这些资料和它的系列数据,对当时社会经济中的有关问题进行探讨和分析,或对传统的论点进行检验和修正,这就使黄册的研究突破制度和制度史的范围,走上一个新的阶段。本书作者正是黄册研究这场革新倡导者和实践者,读者在本书中可以看到不少创新性的篇章,成为本书一大特色,也是一大贡献。"利用第一手的徽州文书,通过细致的研究,从而加深对明清史基本问题的认识,这仍是今后应致力的一个方向。

4. 陈智超著《(美国哈佛大学哈佛燕京图书馆藏)明代徽州方氏亲友手札七百通考释》(2001年)

明清以来的徽州是个高移民输出的地区,大批徽州人外出务工经商,他们与桑梓故里的联系相当频繁,而这种联系的重要方式便是书信往返,这使得黄山白岳之间,迄今遗存有为数可观的民间书信,其数量之多,在国内可能是首屈一指。关于这方面的研究,目前最为重要的成果是陈智超编辑、出版的《(美国哈佛大学哈佛燕京图书馆藏)明代徽州方氏亲友手札七百通考释》,编者搜集徽州相关文献史料,对原藏哈佛燕京图书馆的这批徽州书信,作了相当全面的考释,甚至可以说,由于他的悉心勾勒和详尽考释,极大地提高了这些书信的学术价值。该批书信,目前已引起学界较多的关注。由于徽州民间文献的数量极为繁多,对于文书的整理将是一项长期而艰巨的工作。此书的刊行,为学界提供了一个极为成功的范例。

5.〔韩〕朴元熇著《明清徽州宗族史研究》(2002年)

作者为高丽大学东洋史学科教授,是韩国徽学研究的领军人物。该书以歙县柳山方氏为中心展开分析,主要论文有6篇,汇总了20世纪90年代后朴氏有关徽州宗族研究的学术成果。其中,《明代徽州宗族组织扩大的一契机——以歙县的柳山方氏为中心》(1997年)一文指出:明代中期以后,随着商品经济的发达,生存竞争日益激化,里甲制的削弱,乡村社会失衡日渐显著,以围绕着真应庙祠产的纠纷为契机,方氏宗族的乡绅带头发起修筑真应庙,歙县方氏宗族组织的扩大由此揭开。嘉靖年间开始允许祭祀始祖,进一步促进了乡村社会的宗族结合。万历三十六年(1608年)恢复祠产后,歙县、淳安方氏缔结了"十派合同",试图联合起来结成柳山方氏,以应对乡村社会激烈的社会变动。到明末清初,祭祀方储的庙已成为加强宗族团结的中心,而方储亦随之被推崇为柳山方氏的始祖。朴元熇接着考察了真应庙的宗祠转化与方氏的宗族组织,在《徽州真应庙之统宗祠转化与宗族

二、徽学研究的历史回顾

组织——以歙县柳山方氏为中心》(1998年)一文中,他指出:康熙十四年(1675年)落成的真应庙,与其说是原来的真应庙之重建,不如说是统宗祠的新建。根据他的考察,真应庙从东汉建立以来经过多次的修筑,但是通过北宋初和清初的两次根本性的新建过程,分别从专祠转化为宗祠,又从宗祠转化为统宗祠,这是柳山方氏扩大其宗族组织的过程,与此同时它也典型地反映出自北宋以来所展开的宗族制之新形态。朴元熇在《仙翁庙考——以淳安县方储庙的"宗祠转化"为中心》(1998年)一文中指出:北宋以后,随着新宗族制的出现与发展,尊崇名人的专祠开始转化为宗祠,仙翁庙是反映此种现象的一个实例。专祠转化为宗祠的时机与面貌,随其宗族所处的当地社会经济条件而呈现出多种形态。在《明清时代徽州商人与宗族组织——以歙县的柳山方氏为中心》(1999年)中,他指出:歙县方氏诸派因真应庙之祠产纠纷,自明代中期开始产生统合现象。在徽商的经济支持下,宗族组织有序地逐渐扩大。藉歙县的柳山方氏之个案研究可知,随着商品经济之发达而兴起的徽商,从整体来看,不但没有解除顽固的宗族制,反而扩大自身的宗族组织及强化了宗族制度,这也是徽商在中国历史发展中难以产生划时代影响的原因之一。在《明清时代徽州的市镇与宗族——以歙县岩镇与柳山方氏环岩派为例》(2000年)一文中,他指出:徽州市镇与长江下游三角洲的市镇有所区别,与江南相比,歙县岩镇在一定程度上保持了聚族而居的形态,宗族制也依旧稳固。岩镇好像是个徽州乡村的缩影,并且不像江南市镇,它不太体现出商业、专业市镇的特点,反而具有强烈的人文、宗族色彩。其《明代中期的徽州商人方用彬——以哈佛燕京图书馆所藏的〈明人方用彬书札〉为中心》一文,则证实徽商方用彬属于环岩派21门的仲里门,他认为:方用彬是典型的儒商,主要经营古籍、书画、古董的买卖,同时也经营典当、金融业务,但是儒商安于现状,持续了传统中国社会结构的"恶性循环"。

6. 唐力行著《徽州宗族社会》(2005年)

唐力行对徽州宗族问题的关注由来已久。早在20世纪80年代中期,他就在《历史研究》上发表《论徽商与封建宗族势力》(1986年),文中指出:徽商的兴起得益于宗族势力,徽商在商业竞争中的进一步发展,更离不开宗族势力。他们借助宗族势力,建立商业垄断,展开商业竞争,控制从商伙计,投靠封建政权,建立徽商会馆等。在此后的20年,唐力行对于宗族与徽州社会的关系,作了多方面的探讨。《徽州宗族社会》一书,就是上述成果的集大成之作。该书共分8章,就徽州宗族社会的形成与分布、徽州宗族社会的结构、徽州宗族社会实态、徽州宗族的文化教育、徽州宗族与社会控制和社会保障、徽州宗族的迁徙与定居活动,以及徽州宗族与社会变迁等八个方面,作了全景式的细致探讨。唐力行认为:徽州宗族社会是由中原士族移植,并经由一系列社会变迁逐渐形成的。正是在移民、文化、经济三大要素的相互作用下,才形成了徽州宗族社会的人文景观。由此,中原士族完成了向徽州望族的变迁,同时也完成了徽州区域社会向宗族社会的变迁。作者既对徽州望族的空间分布形态作了系统研究，又进一步探讨了徽州宗族社会的结构，指出：小家庭—大宗族结构的形成，对于徽商乃至徽州社会产生了重大的影响。徽州的家庭—宗族结构使得徽州社会更富于弹性和流动性，有利于徽州社会的稳定以及徽商的商业活动，从而引起徽州社会、文化诸多方面的连锁反应。徽商因其商业合作的需要，不断地为宗族血缘纽带输送营养，加固并扩大了血缘群体，这也有利于徽商的经营活动。另外，小家庭—大宗族结构，亦促进了新安理学的昌盛，更强化了对佃仆和妇女的压迫，从而巩固了封建统治秩序。此外，作者对徽州的某一具体宗族作了微观的深入分析，重新建构了徽州一个古村落宗族社会生活的实态。他还聚焦于宗族婚姻圈的扩大与徽州商帮的形成，分析了宗族势力对徽州坐贾行商的支持，并对宗族势力与徽商的相互作用等作了细致的探讨。综观《徽州宗族社会》可以看出，唐力行的"徽学"研究，始终把握住徽州作为宗族社会的特征系统展开，在地域社会的发展脉络中探讨徽商的成长和宗族的发育。

7.〔日〕藤井宏撰《新安商人的研究》(1953—1954年)

第二次世界大战后不久，作者在静嘉堂文库翻阅明代各种文集时，发现汪道昆《太函集》中包含有丰富而珍贵的徽州商人史料，遂以此为基本文献，对明代新安商人的活动及营业状况作了细致的研究。他于1953—1954年发表长文《新安商人的研究》，后由傅衣凌、黄焕宗译成中文，分别发表于《安徽历史学报》1958年第2期和《安徽史学通讯》1959年第

1期。该文以汪道昆《太函集》为主要资料,首度深入、系统地研究了徽商产生的背景、活动范围与经营项目,徽商资本积累的过程及其经营形态,新安商人与生产者、消费者、国家和官僚之间的种种关系。该文发表之后,《太函集》受到了中日两国明清史学界的高度重视,而《新安商人的研究》亦成为明代徽商研究的经典之作。

对《太函集》的利用,凸显了明清文集对徽商研究的重要意义。其实,在明代,类似于《太函集》这样的明人文集并非绝无仅有,这些文集,不仅对徽商研究,而且对于徽州社会史研究亦有重要的学术价值。譬如,北京图书馆收藏的明代万历刻本《方郊岖复初集》36卷(存31卷),便包含有诸多徽商及有关歙县社会生活、民情风俗方面的记载,具有极高的史料价值。这部明人文集的重要性并不亚于《太函集》,笔者即曾以该书为基本史料,结合实地考察及收集到的相关文书,从社会文化史的角度,对明代徽商的活动及歙县城乡社会生活作过较为细致的探讨①。类似于此的明清徽人文集尚有一些,今后仍然颇可着力。

8.〔美〕*Ping-ti Ho*(何炳棣)撰 *The Salt Merchants of Yang-Chou*: *A Study of Commercial Capitalism in Eighteenth-Century China*(1954年)

在西方,华裔学者何炳棣较早研究徽州盐商,他在

---

① 《〈复初集〉所见明代徽商与徽州社会》,载王振忠著《徽州社会文化史探微——新发现的16至20世纪民间档案文书研究》第1章。

二、徽学研究的历史回顾

1954年发表《扬州盐商：18世纪中国商业资本的研究》，该文首先探讨了两淮食盐贸易的组织，推测扬州盐商的数量，同时估计了盐商每年的平均盈利及其财富之规模。在考察了盐政制度和盐商组织之后，他重点分析了徽州盐商的资金流向，指出：扬州的徽州盐商集聚了大批财富后，将大量资财用于追求风雅奢侈的生活，同时由于实行多子均分继承制度，加速了资本的分散。因此，18世纪的中国虽然有巨额的财富集聚，但却无法像西欧那样成功地发展出商业资本主义。当时，盐商的生活形态与社会流动，促使他们将大量资本转入非经济的用途，因投入的商业资本规模异常庞大，18世纪长江下游一带文化的发展，遂呈现出辉煌灿烂的面貌。该文是研究活跃在扬州的徽州盐商的经典之作。

9.〔日〕白井佐知子撰《徽商及其网络》（1991年）

该文主要探讨徽商编织网络的目的，以及构成徽商网络的基础。作者认为，"封建经济的基本特征是贱买贵卖。从商品流通的一般过程来说，有收购、运输、销售这三个环节。要完成这三个环节，需要有资本、信息（贵、贱的行情）、行商与坐贾的配合等等，从而构成最简单的商业联络。要从事多头、多种商品买卖，就离不开网络"。明清时代，商品经济的竞争日益剧烈，商人资本的大小、信息灵通与否、商业伙计的可靠程度，直接关系到竞争的成败，网络的建立说到底是人际关系的协调。徽商网络是构筑在血缘和地域关系基础之上的。徽州人有聚族经商的传统，他们的地域关系，实质上只不过是血缘关系的扩大,是一个个宗族血缘群体通过联姻纽带的联结和交叉。较之其他商帮,徽商的网络特别强固,其奥秘就在于此。网络的构成既然是人际关系的协调,而这种人际关系也就物化为通融资金、雇佣关系和族谱编纂了。具体说来,取得通融资金的条件,除了不动产(土地)的担保外,就是人际关系的信用。在重视人际关系的中国传统社会里,依靠同宗同族的信用,反而更容易得到通融资金。而通融资金对于商人原始资本的来源,商人在克服流通中资本短缺的重要意义自不待言。在雇佣关系方面,一般作为商业经营的雇佣者,是指职司情报收集以及同官方联络的助手、分店负责人的掌计、店员、运输工等。徽商所雇佣的人比较多的是同族、同乡和佃仆等。而关于族谱编纂,作者认为,徽商不惜重金修纂族谱的目的,除了对他们自己的同一性和共同性的确认外,还有为商业活动收集必要情报的目的。明清以来,在外部变动不居的环境下,人们谋求以祖先相同作为契机的同族意识之强化,直接关系到人们在商业竞争中的利益——这就是族谱编纂、宗祠建设盛行的内在驱动力。另外,族谱编纂、宗祠建设的盛行与徽商网络的建立和扩张是同步的。修谱时,要发出"知单","遍告四方各族",以了解族人迁徙的情况,甚至还派人四出联络,这可以看作是构筑网络、收集情报的一种手段。徽商通过族谱可以具体掌握分布各地同族人的情况。该文从网络的角度,对徽商与徽州宗族社会加以探讨,颇具启发意义。

二、徽学研究的历史回顾

10. 郑力民撰《徽州社屋的诸侧面——以歙南孝女会田野个案为例》(1995年)

与一般纯粹依靠文献研究宗族问题的方法不同,作者主要通过田野调查,结合民间文书,对徽州社屋的诸侧面加以探讨。对社屋的基本形态(包括祠社关系、社庙结构)、"嬉菩萨"分段解读以及地方神凸显的"一体化"观念,都作了细致的分析。他指出:徽州社屋有两点可观察性,即建筑式样的如屋似庙,地址位置的在村若野,反映了它所具有的神人复合关系。就祠社关系而言,徽州里中有社,宋代即见诸乡邦文献,徽州之有社屋,即使不是始自宋元,那至迟在明初即已存在,一直延续至1949年。徽州社屋的文化内涵,经历了一个由侧重族社而为村社的演化过程。徽州社屋存在的历史远早于祠堂,宋明之间一段有社无祠的时期内,社即兼有后来祠的功能,在文化形态上,也就具有一族之血、地两缘关系的复合体。明中期后,祠堂独立兴建,新的社屋也跟着被独立建造,而原先祠、社合一形态的社屋即被称为宗屋。而就社庙的结构来看,徽州的乡民至今仍习惯于将社屋径称为"社屋庙",据口碑综述,见诸徽州的社屋,无论表制如何,奉神多寡,神的陈设样式却几乎如出一辙。这具体表现为:坛上坐人格神,一般较大;坛之阶为自然神,又相对较小,但二者均为塑像,构成社屋神的主体。另必有社公,但定是牌位,且只具一尊,或居于自然神之中,或为坛另立一旁,则表现不一。因此,这种按类分层的坐法,其实正是它们随历史依次而进、新旧层累的形象体现;故其演进轨迹亦当作如是说。

在产权的占有形态上,社屋只缘族而建,只归一族所有,而寺庙却是以相关村族所共有的形式存在着,故而形成了"众社拱庙"的样式,也就是社庙结构。接着,作者综合口碑资料,对传统徽州迎神赛会"嬉菩萨"中"接"、"嬉"、"坐"、"送"四个段落加以分段解读,展现了人们借助神事活动,实现世俗生活中族际间沟通、和谐的愿望。最后,作者对中国大文化传统背景下以汪华崇拜为现象的徽州地方文化传统的"一体化"问题作了分析,指出:南宋是徽州社会历史的转型时期,徽州从此结束了近千年的移民社会历史,而开始了其人世代定居的土著化过程;而在此基础上,徽州也开始了社会经济文化发展的"一体化进程"。虽然作者认为,因田野工作较短,且在此前学术界迄无徽州社屋的专题报告,"这就使本文仅具有初探的性质,并也包含了假说的成分"。尽管有关歙南的文献尚有待系统清理,但该文的分析层层递进,所展示出的内容颇为深刻,具有方法论上的启发性,应当反复阅读,逐渐加深理解。

11.〔日〕中岛乐章撰《明代徽州一个宗族的纷争与同族统合》(1996年)

万历抄本《茗洲吴氏家记》卷10《社会记》,以年表的形式,记录了明代中后期数十年间关于吴氏的生存状况,其中,包含有许多与其他宗族之间纷争的记载,如实地展示了明代宗族纷争处理的实态。该文对明代中后期围绕着一个宗族纷争处理的各种现象、以纷争为契机而展开的同族结合加以讨论,指出:明代中叶以还,居住在徽州山区一个小村的茗洲吴氏,相继通过商品生产与商业活动,积聚了财富,拓展了生活世界,作为一方名族的地位也得到承认。同时,与周遭村落宗族之间的对立和纷争也相继发生,到16世纪达到了高潮。这些与他族的纷争,每每诉诸武力,甚而械斗至死,为同族结合的扩大、宗族组织的强化提供了重要的契机。嘉靖初年茗洲吴氏与长丰朱氏的坟地争端,促成了此前疏远的其他分派之再结合,形成了具备族谱、宗祠及族产的"高位宗族"(higher ordered lineage)。而且,与此差相同时,在茗洲吴氏内部,通过宗祠和族谱的整备,祭祀活动的体系化,族规的制定,使得"地方宗族"(local lineage)秩序井然。16世纪以后,华中、华南各地类似的宗族结合之发展、扩大,茗洲吴氏的事例,提供了一个较早而且典型的例子。此一研究,与朴元熇有关同族结合的研究差相同时,可以比照而观。

三

徽学研究之前瞻

纵观前述的学术现状,近30年来,徽学研究在诸多领域都取得了丰硕的成果。当然,也仍然存在着一些不足,更有极大的开拓空间。

徽学不是一门地方学,徽学研究不能仅就徽州而徽州,因此,不少学者都关注跨区域的比较研究。譬如,叶显恩在《徽州和珠江三角洲宗法制比较研究》(1996年)一文中指出:在不同的地域社会中,尽管都存在中国传统的宗法制度,但在宗族行为和价值取向上仍存在极大差异,甚至表现出逆向发展的现象。徽州与珠江三角洲两个地域分别代表了山地和沿海的地域文化,将此二者比较,一方面能反映各自的地域特点,另一方面则可以说明地域社会经济之发展方向对传统社会结构的冲击。此一研究,无论是在理论还是在现实上,都有重要的学术意义。唐力行亦撰有《超越地域的疆界:有关区域和区域比较研究的若干思考》(2008年),提及区域比较研究的重要性。以他为主撰著的《苏州与徽州——16—20世纪两地互动与社会变迁的比较研究》(2007年)一书,从家庭—宗族结构、家族移徙与互动、妇女生活、基层社会控制方式、社会保障、市镇、民间信仰、风尚习俗和科举等九个方面,对16世纪以来苏州、徽州的区域互动与江南社会的变迁作了探讨。唐力行认为:中国地域辽阔,各区域基层政权与宗族、家庭之联系情况多有不同。在江南,存在着苏南形态和徽州形态。其中,徽州形态是家国同构体从组织(宗族)到思想上(理学)最为完备的典型,也是中国专制制度对农村控制最为严密的类型。这是从区域比较的角度,对徽州宗族社会所作的分析。苏州与徽州的比较研究,既能体现江南平原与内陆山乡区域发展中的地理差异,又能揭示出繁华都市与僻远山区的城乡关系。

除了中国国内跨区域的比较之外,还有一些涉及跨国的比较研究。早在20世纪90年代,日本学者涩谷裕子《明清徽州农村的"会"组织》(1997年)一文,就以徽州发达的宗族制为社会背景,以清代康熙年间婺源县庆源村秀才詹元相所写的《畏斋日记》为依据,同时参照其他徽州文书档案,重点对"会"组织与宗族制度的关系问题加以论述,她认为:"会"组织的社会机能仅停留在补充血缘纽带不足上,并未达到超越血缘关系而成为控制整个社区之共同体的地步,这可以说是徽州农村社会构造的一大特征。至于"会"组织的祭祀组织、金融组织问题,不仅限于徽州,甚至于全中国,乃至日本、韩国等地也可以看到。通过徽州文书档案所反映的中国农村社会民间社团组织的资料,的确可以为进一步研究中国的社会结构,乃至于与亚洲的其他地域之差异性和同一性加以比较,进而构筑亚洲研究、地域研究的理论,提供地域社会的依据。臼井佐知子《试论中国徽州商人与日本近江商人商业伦理之异同》,将明清中国与江户日本的商业道德和伦理加以比较,从而加深了对明清时代中国商业状况和商人的认识(2000年)。

近年来,徽州文书与其他国家文书档案的比较研究,也陆续展开。如由日本国文学研究资料馆渡边浩一主持的"历史档案的多国比较研究"、安徽大学徽学研究中心与韩国国学振兴院合作展开的"徽学"与"安东学"之比较研究等,都是这方面的尝试。日本国文学研究资料馆先后在韩国首尔、中国上海、土耳其安卡拉、法国巴黎、日本东京召开过多次国际学术研讨会,就东亚(中、日、韩)、欧洲各国、伊斯兰世界的档案文书展开比较研究,2009年出版的《中近世アーカイブズの多国间比较》,内容涉及统治组织、家与村落、商人与都市、诉讼文书与继承文书等,就是此一国际合作研究成果的集中展示。2005年,韩国国学振兴院国学研究室编辑、出版了《安东与徽州文化比较研究》,就韩国安东与中国徽州的传世文书、宗族惯行和村落景观等加以比较研究。除了共时性的对比分析之外,还有历时性的跨时代比较。2001年5月,安徽省档案局和甘肃省档案局联合主办了"徽州历史档案与敦煌历史档案开发利用研讨会",在合肥和黄山市两地召开,尝试对徽州文书与敦煌文书作比较研究。

三、徽学研究之前瞻

当然,比较研究是区域社会及跨文化研究中的一个难点,这是因为:作为比较对象的两个区域(或文化)之间必须具有可比性,否则只能是流于泛泛而论,此其一。其二,随着中国社会经济史研究的区域化,每个区域都集中了一大批海内外优秀的学者"精耕细作",对某一区域熟悉的学者,对另一区域的研究未必就能达到类似的水准。因此,无论是跨地域乃至跨国界、跨年代的比较研究,均有进一步深化的空间。

除了区域间的比较外,学科之间的相互渗透和融合,亦有极大的开拓空间。譬如,徽州艺术史的研究,仍然存在着不少问题。其中,最为突出的一点是——历史学者和专门的艺术史研究者之间往往缺乏沟通,各自为政。历史学者没有像关注社会经济史那样倾全力钩稽史料,涉入相关的艺术史研究,而且大多不关心艺术史研究所关注的问题,吸收后者研究的成果。由于缺乏问题意识,使得艺术史研究方面的大批史料没有得到发掘,历史学者的相关研究,有很多也只是反映了文化史的一些侧面,难以达到真正艺术史研究的高度。而除了个别的艺术史研究者(如汪世清等)之外,又大多难以从文献学的角度发掘第一手的史料,在涉及文化环境和社会背景时,往往只能转引历史学界现有的成果,无法直接对史料作出准确的判断,故而对于社会环境、人物之间的相互关系等,难以有细致入微的观察和了解,因此,在史学与艺术研究的衔接上,通常总是存在着或大或小的罅隙。这些,都在一定程度上制约了艺术史研究的深入发展。但徽州艺术史研究方面的史料极为丰富,也正由于以往资料的挖掘不足,相关学科的交流相当不够,有关徽州艺术史方面的研究,还有极大的开拓空间。

大致说来,今后至少还有以下几个方面的工作尚可着力展开。

(一) 新史料的发掘、整理与研究

由于徽州文献数量庞大,一方面,族谱、文书等散藏于各地的收藏机构,学界素有"无徽不成馆"(此处的"馆",指图书馆、档案馆、博物馆等公藏机构)之说,这些资料,还远未被学者悉数发掘出来。一些已经发现的史料(如芳坑江氏茶商的部分史料),尚未得到应有的利用。而在另一方面,民间收藏的徽州文书也层出迭现。因此,在未来的数十年内,对新史料的收集、整理和研究,仍然是徽学研究的一个重要工作。由于徽州文献的巨量发现,今后对分类专题资料的编纂,应是需要花大力气从事的一项工作。

新发现的徽州文书文献,对于明清以来的中国史研究具有极为重要的学术价值。它使得我们得以了解中国社会的诸多细节,藉此历史学者可以廓清原本面貌模糊的真相,并细致展现区域社会的诸多侧面。以徽商研究为例,在宏观描述已几近饱和的情况下,新史料的开掘和细部的深度探讨显然大有可为。譬如,有关徽州墨业及墨商的研究,尚有极大的拓展空间。之所以如此,显然是因为——尽管现存的、属于风雅清玩范畴之徽墨文献较为丰富,但在传统文献学视野中,作为民间手工业之一的

三、徽学研究之前瞻

墨业以及活跃其间的徽州墨商史料却极为罕见。因此，对新史料（墨业及墨商文书、墨商族谱等）的发掘和利用，应是今后研究的重点。此外，尚可结合实地调查展开研究，而这应当可以成为徽州墨商进一步深入探讨的方向。又如，木商的研究，虽然已有整体上的研究，但新近发现的木商文书极为可观，民国时期的调查资料亦颇为翔实。另外，近数十年来，贵州锦屏苗族山林契约的大批发现，使得对黔东南清水江流域的木材业，有了较多的关注，其中，亦涉及徽商的活动。今后，如何将长江流域作为一个整体，结合徽州文书和锦屏山林契约，研究木材贸易的流通网络等诸多问题，仍然有一定的空间。徽商中的一些行当，如酱商、油商等，尚未专文论及，这显然也受制于先前史料的匮乏。今后，将徽州文书、族谱与乡镇志等相结合，对各地商人作综合性的区域研究，亦仍然有一定的研究空间。而新史料的发掘和利用，仍然是徽商研究的重中之重。

再如商书研究，由于商书或为抄稿本，或为坊间所刻。因此，此前学界习知的商业书及商人书之系谱颇有混乱之处，遗留的问题仍然相当不少。个中的主要原因在于——各种民间商业书及商人书多系辗转传抄、拼凑，坊间出版物亦相互因袭，加上其作者通常名不见经传，甚或冠以别名乃至假名，这使得商业书及商人书发展的脉络并不十分清晰。随着徽州商书的不断发现，不少商书都有了进一步研究的可能。对徽商会馆类文献的发掘，也对深化会馆研究起着促进作用。关于徽州会馆,以往的研究,主要使用碑刻及笔记方志中零散的记载,而运用会馆录、征信录特别是商人会馆录进行研究的尚不多见。如果以徽商会馆为切入点,运用为数可观的徽州会馆类文献,再结合其他方面的记载详加考察,必能使我们更清楚地认识明清时期会馆的分布、结构及功能。

又如人物研究,随着新史料的发现、收集和利用,将使相关研究走向深入。譬如,因《资本论》的提及,王茂荫虽然备受重视。但以往人们所见的史料,绝大多数都是奏折之类的官样文章,极少私密性的资料。而据新发现的王茂荫私人来往信稿——《霁月轩往来信件》抄本,可以更为深入地了解王茂荫的家世背景及其社会交游,特别是他与徽商的密切关系,这显然有助于更加全面地了解王茂荫其人,更好地理解其经济思想的渊源所自。另外,年谱往往是人物研究的基础。对于徽人年谱的编纂,就目前所见,清民国时期编纂的年谱占绝大多数。1949年后编纂的在10部上下,其中,以徐朔方编著的《汪道昆年谱(1525—1593)》、《汪廷讷行实系年(1569?—1828后)(附所闻事实)》[1]、王中秀编著的《黄宾虹年谱》等质量较高。由于年谱的编纂需要长期的积累,近年新编的一些年谱往往仅依据一二部著作仓促编成,显得极为单薄。不过,徽州有诸多重要的人物,他们的年谱都有编纂之必要。

---

[1] 《徐朔方集》第4卷《晚明曲家年谱》,浙江古籍出版社1993年版。

（二）田野调查方法的运用

徽州是个文献之邦，传世文献和民间文书浩繁无数，在充分重视历史文献的同时，亦应展开田野调查，唯有如此，方能更好地理解民间社会的基本面貌。

在明清以来中国社会研究方面，田野调查的方法由来已久。就徽州研究而言，由于当地的文献资料极为丰富，此前学界的注意力多放在对文书、文献的研究上，田野调查虽已出现了一些重要的成果，但亦尚有极大的开拓空间。

在徽州研究中，以往曾有一些学者在立足文献分析的同时，通过田野调查丰富自己的历史认识。例如，20世纪六七十年代，叶显恩在研究徽州佃仆制与农村社会时，就曾到安徽歙县、祁门、休宁和绩溪等地作实地调查，他的《关于徽州祁门查湾和休宁茗洲佃仆制的调查报告》，就是利用实地调查的资料，结合文献史料撰写而成。这为他以后出版《明清徽州农村社会与佃仆制》（1983年），奠定了扎实的基础。

除了佃仆制度外，棚民研究也是明清以来徽州社会的一个重要问题。关于棚民，历史文献中有不少记载，内容也比较丰富，甚至棚民的数量在某些年份也有明确的统计数字，因此，以往的不少研究成果，大多是从文献到文献的描述性分析。1998年2月至3月间，日本学者涩谷裕子在休宁县南部的山间地带，作了两周的实地考察，收集到一些珍贵的碑刻史料及口碑资料，对棚民的移住形态与地域社会的状况作了细致的调查和分析（2000年）。她的研究，丰富了人们对于清代以来皖南棚民的认识。

明清时代,徽州是个宗族社会,宗族问题历来备受关注。郑力民认为:对于宗族问题,史学的唯文献研究方法虽然可以解决不少问题,但也存在着诸多的局限,"它不能对宗族所赖以生存的那个社会或宗族的社会性问题予以有效的关心,尤其是作为维系这一社会而存在的族际乃至村际间的关系网络结构"。与一般纯粹依靠文献研究宗族问题的方法不同,作者主要通过田野调查,对徽州社屋的诸多侧面加以探讨。

上述的几项成果,都是通过走进"现场",收集口碑史料,结合历史文献所作的研究。另外,如何以文本(徽州文书)为基本线索展开实地调查,可能是今后需要进一步展开的一项研究。

以往有学者称,徽州文书与甲骨文、汉晋简帛、敦煌文书、大内档案(明清宫廷档案)一起,合称为20世纪"中国历史文化的五大发现"。揆诸实际,在上述的五大发现中,其他四种发现,或是离当代历史久远(如甲骨文、汉晋简帛、敦煌文书),或是与民间社会相距甚遥(如大内档案),唯有徽州文书在时代上绵延至晚近,而且直接来源于民间社会生活,因此,可以也应当放回到民间社会中去考察。徽州文书的这一特点,为在田野中解读历史提供了可能。

实地考察是我们读懂历史文献的方法,诚如刘志伟所说:"我们做田野是为了能更好地读懂文献。……对我们来说,历史既是一个时间的过程,又是在特定的空间展开的,这

三、徽学研究之前瞻

二者之间存在着很复杂而又辩证的关系。对于历史时期的了解,我们不能直接感受到,只能是间接地从文献中认识,但对于了解历史的空间,我们有可能直接去认识,那就是只有让我们自己身处在那个空间中才能做到,尽管我们依旧会受到很多局限,大多数地方现在早已不是历史上的样子,已经面目全非了,但我们仍然可以通过置身于特定的'场景'之中,细致地、反复地琢磨与体验,在某种程度上获得对历史的感悟。人类是在一定的空间中创造历史的,如果没有对于空间历史的认识,我们解读的历史只能是一条单纯的时间线索,而且即使是这条单线我们也把握不好。"对此,郑振满也认为:"为了直接体验空间的历史,我们就亲自到文献中所记载的那些地方去做田野调查。那些文献上死的历史在田野中就变得活生生的,而且在田野中还会发现文献上没有记载的内容,并且看到它们原本就不是孤立存在的,而是与其周围的事物联系在一起,历史就变成立体的。然后,我们反过来再到文献中去寻找田野中所发现的一切。"而当我们重新审视文献时,"原来没有意义的内容在田野经验的积累中都变得有意义了"①。

由于徽州文书的涉及面极广,几乎涉及明清以来社会生活的诸多侧面,因此,田野调查大有用武之地,这将促成对徽州文书更大程度的利用。

---

① 史克祖:《追求历史学与其他社会学科的结合——区域社会史研究学者四人谈》,《首都师范大学学报》1999年第6期。

(三)新领域的开拓与深入

徽州文书文献展示的内容极为丰富,这为诸多新领域的开拓,提供了重要的资料基础。

关于徽州的历史地理,以往的关注明显不足。近十数年来,民间文献的大批发现,为历史地理的研究打开了一扇新的窗口。以村落研究为例,以往对徽州古村落的研究,主要来自建筑学者和地理学者。在历史学研究领域,较之宗族研究的繁盛状况,村社的研究颇为寂寥。由于古村落的研究,除了实地考察之外,利用的资料主要是历史文献,一些非历史专业出身的学者在从事古村落研究时,往往只能间接利用历史学者的研究成果,引征二手资料,而且在现有的一些研究中,常常过分强调风水的作用。因此,虽然目前已出现以徽州村落为对象的著述,但因其据以立论者均非一手资料,亦未曾提出超过历史研究所能提供的结论,故而,真正的村落研究著作尚付阙如。今后,如何通过历史学、地理学的综合性优势,开展真正意义上的村落研究,尚有极大的开拓空间。众多的村落文书(包括相关的水利文书和可以自成一体的社文书),对于村落地理的研究,提供了具体而微的绝佳史料,可以极大程度地复原历史时期村落的自然景观和人文环境,为村落地理学的发展提供一个区域研究的范例。

明清以来,商业的发达和频繁的社会流动,促使徽州人滋生出强烈的契约意识,再加上民间敬惜字纸的传统,使得黄山白岳之间保留下了丰富的民间文献。从南宋以来一直

三、徽学研究之前瞻

到解放后,徽州遗存下国内目前所知为数最多的契约文书,契约散件和簿册文书可谓汗牛充栋。其中,黄册、鱼鳞图册和保簿等各类文书的数量均相当可观。这些资料,提供了大量徽州各地的地名史料,通过细致的分析,可以在一定程度上复原南宋以来(尤其是明清时代)皖南的土地利用状况,从地名演变的轨迹探讨地域文化的特征和地理环境之嬗变。在徽州文书中,都图地名方面的资料相当不少。此外,徽州大量的启蒙读物中,对于各类地名的特征,也有详尽的罗列和动态性的描述。鉴于地名史料之巨量蕴藏,有关徽州地名学的研究,无疑是尚待发掘的宝库,有着极为广阔的学术前景。

明清徽州是个宗族社会,除了遗存迄今的大批各姓家谱外,还有《新安大族志》、《新安名族志》和《休宁名族志》等涉及一府一邑的综述性总谱。这些谱牒资料,是深入研究徽州家族人口和移民以及社会文化地理分异的重要史料。另外,清代学者汪士铎曾认为,徽州的土产是"买卖人",虽然"徽商"的总称闻名遐迩,但在事实上徽州一府六县的商人仍是各具特色。大致说来,歙县以盐商为主,休宁人专擅典当,婺源人精于木业,而绩溪人则多开徽馆(徽菜馆和徽面馆)。有关这几个县域商人的各类文书之发现,对于历史社会地理区域人群的研究,尤其是徽商研究的深入,具有无可替代的价值。

徽州民间文献不仅在区域历史地理研究方面极具价值,而且还为长江中下游乃至整个中国的历史地理研究提供了重要的史料。在"无徽不成镇"的明清时代,徽州人在各地建立会馆,甚至形成徽州社区,如扬州、汉口、淮安及苏北新安镇等地,均形成了一定规模的徽商社区。在这方面,不仅有《淮安河下志》《新安镇志》《紫堤小志》那样的村镇志,而且当年徽商活动的各类征信录仍然保留不少,这些,对于研究徽州人在江南各地的迁徙、营生,徽州商业网络的分布和慈善事业网络的扩展,具有重要的史料价值。此外,徽州还保留有大批民间日用类书,反映了人们约定俗成的民事惯例,倘若将之与其他地区的日用类书加以比较,更不难看出各地人群的特征及其差异。尤其值得注意的是,徽州的商人书和商业书为数可观,此类主要包括路程图记、反映经营规范和商业道德的著作,这些民间文献,对于各地的物产、交通线路以及风俗文化等诸多方面都有着详细的记录,对于廓清明清商业书和商人书的源流脉络,探讨明清交通地理变迁和商业地理格局,具有重要的史料价值。

与历史地理相关的是环境史的研究,日本学者宫崎洋一《明清时期的燃料资源》(1997年),通过对明清时期燃料一般趋势的考察,认为直到清代前期,对煤炭的使用仍受到很大限制,但由于森林资源的减少,开始依赖于煤炭的趋势已是无法改变了。就徽州而言,虽然该地原本就盛产木材,而且徽商中又有相当多的商人经营木材,但在徽州木材产地以及徽州木商甚多的婺源县,也出现集中大批劳力从事煤炭的开采活动。这说明进入18世纪,中国境内森林资源的枯竭已不是华北平原的问题,燃料从木材向煤炭的转换已经开始,即便是森林资源丰富的徽州府,一方面在燃料供应上还维持以木材燃料为主体的格局;但在另一方面,企图保持改善森林资源的意识却已出现,并已作出努力,对此必须重新加以认识。虽然宫崎的观点尚有待确证,但有关生态与社会的研究颇可重视,在这方面,可以说是刚刚起步。与此相关的是棚民的研究,这与清代以来生态环境之变化密切相关。当然,除了棚民之外,徽州境内当地人群的山区开发也与生态环境的变化密切相关。在清代的徽州文书中,亦反映了因生态变迁而引发的纠纷。

上述的诸多问题,都需要通过多角度的综合性研究予以细致探讨。今后,立足于种类繁多、内容丰富的徽州文书,社会文化史和生活史的研究更是备受期待。

(四) 其 他

早在2001年,港台学者邱淑如、严汉伟和陈亚宁,针对徽州文献资料异常丰富的特点,就提出了建立专题数据库的设想。近年来,张晓峰、何广龙亦涉及建立徽州文书数字图书馆的设想,并对元数据标准设计作了初步的探索(2009年)。因此,如何对徽州文书加以全面有效的整理、揭示、发布以及提供网上检索,应是今后利用互联网新技术的发展方向之一。由于现存的许多徽州文书都辗转来自市场,通过徽州文书数据库的建立,可以找出彼此之间的联系,提高各类散件的利用价值。而徽州村落文书数据库的建立,则可以通过留存民间文献,真正建立起古村落档案,发掘村落文化内涵,形成个性独特的历史记忆。

此外,对于海外学者的优秀成果,亦应加大介绍和翻译的力度,相互借鉴,以推进徽学研究朝向纵深发展。

四

参 考 书 目

（一）概述性的介绍

高寿仙:《徽州文化》,"中国地域文化丛书",辽宁教育出版社1995年版。

  全书共分3篇6章,分别论述了地理环境与人口压力,家族、乡绅与乡村社会,宗法社会中的徽州商人,社会教育与儒教化,食住风尚与宗教生活,各种艺术形式的繁荣。作者虽非专治徽学,但作为明清史学者,较好地综合了傅衣凌、藤井宏、章有义、叶显恩等几代学者的研究成果,对明清时代徽州的社会和文化作了概括性的描述,可以利用该书对徽州文化作初步的了解。

〔日〕中岛乐章:《徽州商人と明清中国》,东京,山川出版社2009年版。

  作者为早稻田大学博士,现任九州大学大学院人文科学研究院准教授,是日本研究徽学的代表性人物之一。该书分为中国史与商业、中国的商业与商人集团、明代的徽州商人、清代的徽州商人和徽州商人之衰退等几个部分,对徽商在海内外的活动、徽州文书与徽州社会经济史研究等诸多方面,都作了简明扼要的介绍,可以作为了解徽学的日文入门书。

〔美〕Nancy Berliner, Yin Yu Tang: *The Architecture and Daily Life of a Chinese House*. Berkeley: Tuttle Publishing, 2003.

"荫余堂"原是安徽省黄山市休宁县黄村的一幢徽派民居,后搬往美国马萨诸塞州赛伦市(Salem, Massachusetts),成为碧波地·益石博物馆(Peabody Essex Museum)的一个重要组成部分。该书以荫余堂为中心,展开对中国民居和日常生活的描述。可参见:荫余堂网页:http://www.pem.org/sites/yinyutang/;汪炜主编:《徽州文化在美国——荫余堂落户波士顿》,徽州社会科学特刊,2004年版。

(二) 进一步深度研究所需的参考论著

1. 资料集

汪世清、汪聪编纂:《渐江资料集》,安徽人民出版社1964年版,1984年修订本。

渐江(1610—1664年)俗姓江,明代歙县诸生,入清后出家,法名弘仁,为新安画派之奠基者。该书分传记、诗录、画录、题赠、评述、杂记和附录,是研究渐江及新安画派的重要资料。

张海鹏、王廷元主编:《明清徽商资料选编》,黄山书社1985年版。

这是国内徽商研究的第一部资料集,主要辑录方志、族谱、文集以及少量的徽州文书。近20余年来,该书对于推动徽学研究曾起到重要的作用。迄今,书中摘录的不少原始资料已得以完整出版,故在利用时,倘能找到原书,应尽量核对后使用。

安徽省博物馆编:《明清徽州社会经济资料丛编》第1集,中国社会科学出版社1988年版。

该书收录契约文书共950件,其中888件为安徽省博物馆藏品,62件为徽州地区博物馆(今安徽省中国徽州文化博物馆)藏品。分卖田契、卖田皮契、卖地契、卖山契、卖塘契、典当田地契、加价契、租田地文约、租山文约、庄仆还约文书、对换田地文书、卖屋契、卖地基契、典屋契、租屋文约、卖身契、借贷券和其他(包括商业文书)等。

中国社会科学院历史研究所徽州文契整理组编:《明清徽州社会经济资料丛编》第2辑(集),中国社会科学出版社1990年版。

该书题作"中国社会科学院历史研究所藏宋元明三代徽州田土买卖文契辑要",收录宋元两代文契12份、明代文契685份,按内容分为卖田文契、卖地文契、卖屋基田地文契、卖园文契、卖塘文契和卖山文契。书末附有"宋代土地买卖文契总表"、"元代土地买卖文契总表"

和"明代卖山文契总表"。

中国社会科学院历史研究所收藏整理:《徽州千年契约文书》宋元明编20卷、清民国编20卷,花山文艺出版社,前言作于1991年。

全书40卷,收录中国社会科学院历史研究所所藏徽州契约文书,原件影印,共选编宋元明清和民国各类文书散件4 000余件,簿册200余册,鱼鳞图册16部。

杨正泰校注:《天下水陆路程、天下路程图引、客商一览醒迷》,山西人民出版社1992年版。

其中收录徽州商业书二种——明黄汴所著《天下水陆路程》及明末清初西陵憺漪子(汪淇)所辑《天下路程图引》。杨氏另著有《明代驿站考》(上海古籍出版社1994年版,2006年再版),书后附录两部徽商编纂的专书——《一统路程图记》(明黄汴著)和新安原版《士商类要》(明程春宇著),其中的《一统路程图记》即《天下水陆路程》。

张传玺主编:《中国历代契约会编考释》上、下册,北京大学出版社1995年版。

该书收录契约1402件,起自西周,迄至民国,按朝代分为8个部分,每部分按契约的性质分类,每类再按时序编排。所收的每件契约或资料之后,均有出处和考释。收集的徽州契约以明代最多,其次清代,再次元代,第四是南宋,最少的是民国。

章有义辑:《清代徽州地主分家书置产簿选辑》,收入氏著《明清及近代农业史论集》,中国农业出版社1997年版。

该书收录清顺治至光绪年间的分家书、置产簿或誊契簿,多为中国社会科学院经济研究所藏,涉及土地买卖典当制度、遗产均分制、地权形式(田皮和田骨的分离和合一)、租佃制度、庄仆制、借贷制度以及商业资本与地权的融合等,计有分家书48件以及"庄仆文约和纪事辑存"、"休宁汪姓誊契簿辑要"、"婺源胡姓土地契约选录"、"绩溪(或黟县)江姓《新置田产各据正簿》辑要"几个部分,内容极为丰富。

中国第一历史档案馆、辽宁省档案馆编:《中国明朝档案总汇》,广西师范大学出版社2001年版。

该书收录中国第一历史档案馆和辽宁省档案馆所藏的明朝档案,起自明洪武四年(1371年),止于崇祯十七年(1644年)。保存最多的是天启、崇祯两朝档案,另有南明弘光时期的少量档案,分折件类、簿册类和书册类三种。其中,亦收录了一些徽州文书。

田涛、〔美〕宋格文(Hugh T. Scogin, Jr.)、郑秦编著:《田藏契约文书粹编》,全3册,中华书局2001年版。

该书收录了田涛个人收藏的明初至1969年不同时期的各类契约文书计950件,其中有部分来自徽州。全书既有原件影印,又有文字识读。

《故纸堆》,全10册,北京图书馆出版社2003年版。

书中主要收录私人收藏家鲍传江的藏品,全书共分甲、乙、丙、丁、戊、己、庚、辛、壬、癸10册,除少量外,绝大多数彩色图版均相当清晰,其中收录有不少徽州文书。该书中的资料虽显零星,不成系统,但也提供了一些此前未见的史料。

《徽州名族志》上、下册,"中国公共图书馆古籍文献珍本汇刊·史部",全国图书馆文献缩微复制中心,2003年版。

该书收录安徽省图书馆所藏《新安六县大族志全集》2卷(简称《新安大族志》,元陈栋撰,明清时人添辑补校,清康熙致一堂藏版)、《新安名族志》2卷(明戴廷明等撰,明嘉靖刻本)和《休宁名族志》第1、4卷(明曹嗣轩等辑,天启刻本)。其中的《新安名族志》,后有朱万曙点校本(黄山书社2004年版);《休宁名族志》,亦有胡中生、王黎点校本(黄山书社2007年版)。

〔日〕臼井佐知子编著:《徽州歙县程氏文书·解说》,东京外国语大学大学院21世纪COEプログラム"史资料ハブ地域文化研究据点"研究丛书,2006年版。

该书印刷极其精美,所收资料系编著者于1998年8月22日在安徽省黄山市屯溪老街古玩店茂槐堂购得。文书年代自康熙三十年(1691年)至1942年,计有散件153件,簿册文书15件,另有包纸6件。去除破损严重、无法拍照的11件外,编著者对163件、册文书作了解说。全书分3部分:第一部分是"徽州歙县程氏文书"解题,第二部分是文书原件影印件,第三部分为"徽州歙县程氏文书"内容提要及解说。收录文书在徽州较为常见,涉及的地域除歙县外,还有祁门、婺源的资料。

主要种类有散件,如断骨卖契、杜卖契、卖契、卖地契、契尾、契纸、收税票、当契、当批、当屋基契、借票、承租批、召批、合同议墨、议召批合同、卖豆租批、分单、(分)阄书、遗嘱、下限执照、上限执照、纳米执照、上下忙田赋执照、田赋串票、田赋收据、收字、戒文。簿册则包括清册(田地山塘簿)、实征册、编户官则、各户税亩、福缘善庆、收支簿、祖宗谱和中元做包谱等。

安徽大学徽学研究中心编:《徽州文书》,广西师范大学出版社,第1辑,2005年版;第2辑,2006年版;第3辑,2009年版。

第1、2、3辑分别各10册,收录安徽大学徽学研究中心、黄山市祁门县博物馆收藏的徽州文书。该书依文书发现后的留存形式,分为归户文书和散件文书两大部分。全书以黟县、祁门文书为数最多;第3辑除徽州文书外,还收录了毗邻徽州的浙江淳安、遂安等地之相关文书。

周向华编:《安徽师范大学馆藏徽州文书》,安徽人民出版社2009年版。

20世纪50年代,安徽师范大学图书馆通过屯溪古籍书店购得一批徽州文书,最早的为元至正五年(1345年),最晚者为1949年。该书影印出版的文书计411份(绝大多数为散契),后附"安徽师范大学馆藏徽州文书总目",共注录838件文书。

(清)李斗:《扬州画舫录》,"清代史料丛刊",中华书局1960年版。

清代扬州为徽商的"殖民地",乾隆末年编纂的《扬州画舫录》,对于活跃在扬州的徽商有诸多生动记录。该书现行刊本除中华书局本外,尚有江苏广陵古籍刻印社本(1984年版)和山东友谊出版社本(2001年版)等。其中,山东友谊出版社本后附有人名索引,颇便实用。

(清)吴其贞:《书画记》,影印本,上海人民美术出版社,1963年版;标点本,辽宁教育出版社,"新世纪万有文库",2000年版。

全书6卷,为明末清初徽州古董商人吴其贞所撰。该书记录了作者30余年间经手、过眼的法书名画及部分古玩,是明清徽州乃至江南艺术史研究的重要史料。

胡在渭纂辑:《徽难哀音》(选录),载《近代史资料》1963年第1期。

《徽难哀音》系绩溪胡在渭纂辑,1924年油印本。原书分3编,上编为《事略》,内有胡在渭所编《太平军扰徽大事表》和《凤山笔记》,中编为《诗歌》,下编为《杂记》。此处颇有删节,只选录胡佩芳等人诗与下编《徽州义民歌》等诗文。

(清)黄崇惺:《凤山笔记》,载《近代史资料》1963年第1期。

光绪初年歙县黄崇惺(字次荪)作,胡在渭所编《徽难哀音》(油印本)上编将之改名为《太平军扰徽始末记》。此文记咸丰三年(1853年)至同治三年(1864年)间太平军进攻徽州史事,为研究太平天国时期徽州社会的重要史料。

(清)詹元相:《畏斋日记》,中国社会科学院历史研究所清史研究室编《清史资料》第4辑,中华书局1983年版。

詹元相(1670—1726年)系徽州府婺源县浙源乡嘉福里十二都庆源村生员,所撰《畏斋日记》始于清康熙三十八年(1699年),止于康熙四十五年(1706年),是研究清代前期徽州基层社会的重要史料。原稿藏安徽省徽州地区博物馆(今安徽中国徽州文化博物馆),整理时颇有删节。

王世襄:《髹饰录解说:中国传统漆工艺研究》,文物出版社1983年版。

《髹饰录》为中国现存的古代漆工专著,较全面地叙述了有关髹饰工艺的诸多方面。作者黄成(号大成),明隆庆年间新安平沙人。该书于天启五年(1625年),经嘉兴西塘漆工杨明(字清仲)逐条加注并撰写序言。其手抄孤本于江户时代流入日本,为东瀛著名鉴藏家木村孔恭所收藏。1927年,经朱启钤根据流传在日本的抄本刊刻行世。20世纪七八十年代,海峡两岸索予明、王世襄分别为《髹饰录》作解说(索予明的《蒹葭堂本髹饰录解说》,台湾商务印书馆1974年版)。王世襄所撰《髹饰录解说》,引用考古发现及传世漆器,对《髹饰录》作了注释和讲解。该书另有2004年中国人民大学出版社出版的《髹饰录》、2007年山东画报出版社出版的《髹饰录图说》(长北著)等。

(清)郑复光:《费隐与知录》,上海科学技术出版社1985

年版。

歙县人郑复光(1780—1853年后)之问答式笔记,共225条,涉及物理、气象、天文、生物、医药、烹饪等方面,是有关科技史方面的著作。

(明)程大位著,李培业校释:《算法纂要校释》,安徽教育出版社,1986年版。

《算法统宗》全名"直指算法统宗",共17卷,于明万历二十年(1592年)五月由宾渠旅舍出版,作者系徽州休宁人程大位(1533—1606)。该书问世后,海内握算持筹之士,莫不家藏一编。此书对于商人的重要性,不亚于四书五经之于读书人。《算法统宗》曾流传到朝鲜、日本以及东南亚各国,影响极大。唯因其内容庞杂、卷帙浩繁,后程氏将之缩编而为《算法纂要》4卷,并于1598年在屯溪寓所自刻行世。该书全名为"程氏宾渠算法纂要",板藏休邑率口维新堂。1990年,安徽教育出版社另出版梅荣照、李兆华校释的《算法统宗校释》。此外,民间尚存的各类抄本颇多。

胡朴安:《中华风俗志》,"民俗、民间文学影印资料"之十二,上海文艺出版社1988年影印本。

该书编于1922年,从方志、笔记、游记、日报、杂志等中辑录有关风土民情的记载,分为上、下二编,下编卷5有《歙县纪俗诗》、《黟县之中秋节》、《婺源度岁风俗谈》、《婺源中秋风俗谈》和《绩溪中秋风俗谈》等。

(清末民国)许承尧撰:《疑庵诗》,黄山书社1990年版。

许承尧为歙县唐模村人,近现代徽州著名的史志学家、诗人。该书自序于1943年,收录许氏自1898年迄至1946年的诗歌,其中颇有可补史传者(如《清明祭石榴庄歙县义墓》、《由杭归歙途中杂诗五十五首》、《题黄凤六山人〈潭渡村图〉为宾虹作》、《题所得乾隆时人汪晴崖听秋图》等)。

吴小汀编:《徽州词征》,"徽州学丛书",安徽省黄山市徽州学研究会,约1990年8月。

收录宋元明清徽州词一百数十首。

崔莫愁:《安徽乡土谚语》,黄山书社1991年版。

收录山水地理、人文社会、风俗、物产、乡恋、时令、戒嗜等方面的谚语,其中有部分涉及徽州。

(清)凌廷堪撰,王延龄校:《梅边吹笛谱》,哈尔滨出版社1991年版。

该书为乾嘉朴学大家凌廷堪(歙县沙溪村人)的词集,后附清人张其锦著《凌次仲先生年谱》。

(明)朱升撰:《朱枫林集》,"安徽古籍丛书",黄山书社1992年版。

元末明初休宁回溪人、理学家朱升的诗文集,后附"朱升事迹编年"。

周绍泉、赵亚光:《窦山公家议校注》,黄山书社1993年版。

《窦山公家议》是徽州府祁门县六都善和里程氏仁山门东房派的族规家法,该书就管理、墓茔、祠祀、田地、

四、参考书目

山场、庄佃和银谷,一事一议,立下东房派秩下子孙共同遵守的条规。著录为程鈁纂(或程昌始纂、程鈁重纂更为合适),校注者据北京图书馆、安徽省图书馆和中国社会科学院历史研究所图书馆所藏的4种版本之6个本子,成此校注本。后附5个附表,并附录有中国社会科学院历史研究所图书馆收藏的清康熙二十一年(1682年)程衡纂修的《善和程氏仁山门支谱》和《布政公誊契簿》。

唐德刚译注:《胡适口述自传》,华东师范大学出版社1993年版。

20世纪50年代,胡适应美国哥伦比亚大学"中国口述历史学部"之邀,作过16次口述回忆,简要介绍他的家世、求学、治学的主要经历和学术成就,也反映了他晚年的思想状况。20年后,当年协助完成此项口述的唐德刚,将哥大正式公布的录音英文稿,对照参考自己保存并经胡氏手订的残稿,综合译成此书并加详注。其中的第1章为《故乡和家庭》,包括"徽州人"和"我的家族——绩溪上庄胡氏"两部分,第2章为《我的父亲》。

胡颂平编:《胡适之先生晚年谈话录》,中国友谊出版公司1993年版。

胡颂平为胡适就任台湾"中央研究院"院长时的秘书和助手,是胡适晚年生活及其言行最具权威的见证人。此书时段自1958年12月5日迄至1962年2月24日胡适逝世为止,其中颇有胡适对于家乡绩溪及徽州的回忆。

欧阳发、洪钢编:《安徽竹枝词》,黄山书社1993年版。

该书收录明清以还安徽72位作者撰写的831首竹枝词,其中有16种徽州竹枝词。所收竹枝词,主要录自地方志,但通常删去注文,且鲁鱼亥豕之讹亦复不少。

罗长铭:《罗长铭集》,黄山书社1994年版。

歙人罗长铭为许承尧同时代人,集内有《歙西音录》、《续歙故(七则)》等。

黄宾虹、邓实编:《美术丛书》,全3册,江苏古籍出版社1997年版。

歙县潭渡人黄宾虹是近代著名画家,邓实为著名书画收藏家。丛书计收书281种,其中有部分始刊于1911年。所收以论述书画为主,亦旁涉雕刻摹印、笔墨纸砚、磁铜玉石、词曲传奇、工艺刺绣、印刷装潢及其他珍玩的论著。其中的《草心楼读画集》(清黄崇惺撰)等,为研究徽州鉴藏史之重要著作。

(清)汪启淑:《水曹清暇录》,北京古籍出版社1998年版。

歙县绵潭人汪启淑,乾隆时人,因业鹾侨寓钱塘,为江南著名的藏书家,曾官工部都水清吏司郎中。该书为作者公务之余的见闻随笔,主要反映清代北京地区的社会文化,但其本身为徽人著作,亦涉及徽州的一些佚事、掌故。

上海书画出版社、浙江省博物馆编:《黄宾虹文集》,上海书画出版社1999年版。

是书为现代著名画家黄宾虹诗文著述之总集,裒辑著者传世著作与未刊之手稿,旁及公私度藏之题跋、书信,厘为书画、译述、鉴藏、题跋、诗词、金石、杂著和书信共8编,其中颇有徽学研究方面的珍贵史料(如"书信编"中的部分信札,以及"杂著编"中的《叙村居》、《歙潭渡黄氏先德录》、《仁德庄义田旧闻》等)。

郭成伟、田涛点校整理:《明清公牍秘本五种》,"法律文化研究中心文丛",中国政法大学出版社1999年版。

内有清吴宏著《纸上经纶》6卷(康熙刻本,原藏日本东京大学东洋文化研究所),多涉徽州内容。

张宏生编著:《戈鲲化集》,江苏古籍出版社2000年版。

晚清徽州休宁人戈鲲化,是美国哈佛大学聘请的第一位中文教师,该书将戈氏的绝大部分著作(包括原藏哈佛大学的《人寿堂诗钞》、《人寿集》、《华质英文》等)收录在内,后附信函、合同及相关报道。此外,戈鲲化的其他文字,参见王振忠《戈鲲化的梅花笺》(载《读书》2005年第4期)。

(清)杨光先等:《不得已(附二种)》,"安徽古籍丛书",黄山书社2000年版。

该书汇集了清代徽州府新安卫官生杨光先(1597—1669年)批判、攻击西洋传教士、天主教和西洋历法的言论,反映了康熙初年的排教案。附录有杨光先及其著作的相关题跋和评传。

陈智超:《(美国哈佛大学哈佛燕京图书馆藏)明代徽州方氏亲友手札七百通考释》,全3册,安徽大学出版社2001年版。

见"本领域研究示例"4。

(清末民国)许承尧:《歙事闲谭》,全2册,"安徽古籍丛书·徽学研究资料辑刊",黄山书社2001年版。

> 该书是一部以辑录文献为主,兼有记述、议论、考证,旨在全面展示徽歙历史文化的资料长编,具有极高的史料价值。

(清)董桂敷撰,李经天、李珠点校:《紫阳书院志略》,"湖北地方古籍文献丛书",湖北教育出版社2002年版。

> 作者董桂敷为婺源人,紫阳书院由徽州人所建。该书系嘉庆十一年(1806年)刊本,反映了清代前期徽商在汉口的活动。另可参见该书的影印本,载赵所生、薛正兴主编《中国历代书院志》(江苏教育出版社1995年版)第3册。

(明)程敏政辑撰:《新安文献志》,全3册,"徽学研究资料辑刊",黄山书社2004年版。

> 休宁人程敏政(1445—1499年),著述繁富,以学问该博著称。该书共收文1087篇、诗1034首,分门别类辑录了明以前徽州的重要文献。

(明)汪道昆:《太函集》,全4册,"徽学研究资料辑刊",黄山书社2004年版。

> 歙人汪道昆(1525—1593年),曾协助戚继光抗倭,与"后七子"之首王世贞并称为"两司马",文韬武略皆有可观。该书为其诗文集,对于明代社会经济史、徽学研究,具有特别重要的学术价值。

(清)俞正燮:《俞正燮全集》,全3册,"安徽古籍丛书",黄山书社2005年版。

黟县人俞正燮(1775—1840年),为清代著名学者。全集收入《癸巳类稿》、《癸巳存稿》、《四养斋诗稿》及诗文辑补等,后附传记、序跋、《俞理初先生年谱》(王立中纂辑、蔡元培参订)及全集篇名拼音索引。

曹天生:《王茂荫集》,中国档案出版社2005年版。

歙人王茂荫(1798—1865年),为道咸同时代官僚。文集分"王侍郎奏议"、"王侍郎遗稿"以及附录的序传、生平及家世资料等,末附《王茂荫被马克思写进〈资本论〉史实考》。

(明)郑之珍撰,朱万曙校点:《新编目连救母劝善戏文》,"皖人戏曲选刊·郑之珍卷",黄山书社2005年版。

万历十年(1582年)祁门县渚口乡清溪村人郑之珍,汇总明代中叶以前长期流传的目连救母故事,编撰而成一部完整的戏曲作品——《新编目连救母劝善戏文》,该书是现存最早且影响最大的目连故事之刊本。

(清)吴翟辑:《茗洲吴氏家典》,"徽学研究资料辑刊",黄山书社2006年版。

该书为明清时代徽州府休宁县虞芮乡趋化里茗洲村吴氏家族历时数代酝酿而成,最后成于清雍正年间岁贡生吴翟之手,主要记述家族日用常礼,是一部上承古礼而又宜于时俗的著作,对于宗族、礼制及民俗研究,颇具史料价值。

(清)段玉裁、鲍桂星等:《清代徽人年谱合刊》,全2册,"徽学研究资料辑刊",黄山书社2006年版。

全书共收集徽人年谱22种,其中有一些是珍稀的稿本、抄本。后附"谱主研究论著索引(1900—2003)"和"徽人年谱著录",为徽州年谱的进一步收集和研究提供了一定的线索。

(清)汪永安辑撰,何建木整理:《紫堤小志、紫堤村小志》,"上海乡镇旧志丛书",上海社会科学院出版社2006年版。

紫堤即今上海市闵行区诸翟镇,该书为汪永安(字存夜,号叟否)于康熙五十七年(1718年)辑成。上述2种,何建木据上海博物馆所藏《紫堤小志》抄稿本及上海市文物保管委员会《上海史料丛编》本《紫堤村小志》整理而成。纂辑者汪永安为徽州商业移民后裔,书中颇可窥见徽商在江南市镇的土著化过程。

(明)傅岩:《歙纪》,"安徽古籍丛书",黄山书社2007年版。

傅岩为明崇祯七年(1634年)进士,此书系其担任歙县知县期间相关文献的汇录,全书共10卷。特别是卷5《纪政绩》、卷6《纪详议》收录的公文,卷8《纪条示》收录的禁令和告示,卷9《纪谳语》收录的审案之判牍等,真实记录了明末徽州的社会状况,具有极高的史料价值。唯此书标点错误极多,在没有条件核对安徽省图书馆所藏原书的情况下,引用时需格外小心。

方静编:《徽州民谣》,合肥工业大学出版社2007年版。

四、参考书目

全书共分"爱情类"、"儿歌类"、"时政类"、"徽商类"、"劳动类"、"生活类"6卷,共收录237首民谣。其中部分由方静采编,另外的源自各类书籍及报刊杂志。

(清末民国)詹鸣铎著,王振忠、朱红整理校注:《(新发现的徽商小说)我之小史》,安徽教育出版社2008年版。

《我之小史》是目前所知唯一的一部由徽商创作、反映徽州商人阶层社会生活的小说,因著者对西方"写实小说"概念的误解,该书所述内容情节均非虚构,可作信史征引。其内容从清光绪九年(1883年)迄至民国十四年(1925年),逐年记录了一个徽商家庭的社会生活,类似于此长达40余年、多达20万字的连续记录,在以往的徽州文献中尚属首次发现,书末附"詹鸣铎先生生平大事年表"。

(清)赵吉士:《寄园寄所寄》,"徽学研究资料辑刊",黄山书社2008年版。

休宁人赵吉士(1628—1706年),曾负责编纂康熙《徽州府志》。《寄园寄所寄》共12卷,内容涉及智数、忠孝节义、山川名胜、诗话、神怪、格言、杂录、考谬、明末寇乱、遗事、徽州佚闻及谐谑等。其中卷3《倚仗寄》的"大好山水",卷11《泛叶寄》的"新安理学"、"故老杂记"、"黔兵始末"等,多涉徽州的自然地理及社会人文。

(清)黄生:《黄生全集》,"安徽古籍丛书",安徽大学出版社2009年版。

歙县潭渡人黄生(1622—1696年),原名琯,号白山,明末清初杰出学者、诗人。全集收入《字诂》、《义府》、《一木堂诗稿》、《杜诗说》、《唐诗稿钞》、《唐诗矩》、《植芝堂今体诗选》、《载酒园诗话解》、《诗尘》、《潭滨杂志》(上编)、《诗文辑补》,并附录《黄生年谱》。

《新安医籍丛刊》,安徽科学技术出版社,1990年以后。

作为新安医学文献的专门之作,收辑徽州稀有珍本医籍50多部,300多卷。除此之外,相关的资料集尚可参见:《珍本医籍丛刊》(中医古籍出版社,1986年以后)、《明清十八家名医医案》(中国中医药出版社1997年版)、《中国医学大成续集》(上海科学技术出版社2000年版)、《海外回归中医善本古籍丛书》(人民卫生出版社2002年以后)等。

茆耕茹:《目连资料编目概略》,王秋桂主编,"民俗曲艺丛书",台北,财团法人施合郑民俗文化基金会,1993年版。

分佛经、变文、话本、剧目汇录、宝卷、戏联、皖南方志、古今文摘、鲁迅笔下的目连戏、专题研究、戏曲史录、简议(综合)、会议、文集和台本,共15栏,资料丰富,有助于全面了解徽州目连戏的渊源流变。

王秋桂、沈福馨:《贵州安顺地戏调查报告集》,王秋桂主编,台北,"民俗曲艺丛书",财团法人施合郑民俗文化基金会,1994年版。

因明初移民屯驻,以及明清徽商之无远弗届,贵州多有徽人活动的痕迹。书中收录沈福馨撰写的《贵州省安顺市大西桥镇吉昌屯村正月十八的"抬汪公"仪式》,

以及附录中的《汪公考》、《校点〈抬汪公〉全本》和《"生为忠臣,死为名神"——汪公信仰探源》等,有助于理解徽州文化对于西南地区的影响。

王兆乾辑校:《安徽贵池傩戏剧本选》,王秋桂主编,"民俗曲艺丛书",台北,财团法人施合郑民俗文化基金会,1995年版。

池州府与徽州府毗邻,两地交流频繁(当地演出《章文选》一剧的双龙汪,即在宋代自婺源回岭迁居贵池开元乡),风俗颇多类同。书中收录的多份《请阳神簿》,可与徽州的宗教科仪相比较。附录有傩戏的剧照,可与《贵池傩文化艺术》(吕光群编著,安徽美术出版社1998年版)比照而观,这些尚存的傩戏活动场景,有助于从一些侧面理解历史上徽州的傩戏。

茆耕茹编:《安徽目连戏资料集》,王秋桂主编,"民俗曲艺丛书",台北,财团法人施合郑民俗文化基金会,1997年版。

全书计分9篇,包括序评记跋、方志文录、班社稽考、演出习俗、猖书醮仪、曲牌声腔、会议演出、散文辑佚和台本剧目。既有原始文献,又有口碑调查,内容丰富,是研究徽州目连戏必读的参考书。

刁均宁辑:《青阳腔戏文三种》,王秋桂主编,"民俗曲艺丛书",台北,财团法人施合郑民俗文化基金会,1999年版。

收入《(原本徽戏丛抄)水云亭、还魂记》、《白兔记》(徽州民间艺人收藏)和《原本青阳班超脱靴散出(俗本)》(徽州邵画堂抄藏收集)三种抄本。

施文楠编著:《安徽目连戏唱腔选编》,王秋桂主编,"民俗曲艺丛书",台北,财团法人施合郑民俗文化基金会,1999年版。

其中有"安徽目连戏概述",涉及徽州目连戏。音乐唱腔选编中,亦多徽州谱例。

杭州市江干区政协文史和教卫文体委员会编:《江干往事》,政协江干区委员会承印,2006年版。

编著者赵大川为民间文献收藏者,全书分"沧海桑田"、"交通枢纽"、"经济贸易"、"教育科技"、"空军'黄埔'"、"名人风范"和"江干风情"7个部分。其中的"经济贸易"一节,刊出了一些有关茶叶、木材、商编路程方面的文书档案,颇具价值。故应注意收藏类图书、拍卖会资料及相关网站上披露的民间文献。

汪世清辑注:《明清黄山学人诗集》,上海古籍出版社2009年版。

该书辑录了明清时代皖南籍诗人、书画家诗作数百首,涉及社会生活的诸多侧面。所收各诗均注明出处,并对作者、诗中所涉人物及相关背景多有考证,颇为翔实。

2. 方志[①]及相关资料

(清)闵麟嗣纂:《黄山志定本》,黄山书社1990年版。

---

① 本处所列,仅以已重新整理、标点过的旧志及当代方志。有关徽州的古代方志,读者可在台北成文出版社"中国方志丛书"、上海古籍出版社"天一阁藏明代方志选刊"、中华书局编辑部编"宋元方志丛刊"、书目文献出版社"北京图书馆古籍珍本丛刊",以及"中国地方志集成"安徽府县志辑、江西府县志辑、乡镇志专辑等丛书中获得,兹不赘列。另,当代新方志中,尚有各类专业志,如《徽州地区交通志》(黄山书社1996年版)、《黄山市公路志》(方志出版社1996年版)等,亦可供专题研究之参考。

清初歙县岩镇人闵麟嗣,侨寓扬州,所著《黄山志定本》,包括形胜、建置、山产、人物、灵异、艺文、赋诗7卷,是迄今流传最广、影响最大的一部有关黄山的志书。

(民国)比丘德森编辑,许止净鉴定:《九华山志》,1938年苏州弘化社铅排本,江苏广陵古籍刻印社1997年版。

安徽青阳县九华山,相传为地藏菩萨应化的道场,为中国四大佛教名山之一。徽州人素有"朝九华"、"朝齐云"(前往休宁县境内的"白岳"亦即齐云山朝山进香)的习俗(朝九华、齐云,民间合称"华云会"或"华云进香"),该书对于研究徽州的民间信仰,颇有助益。

(清)佘华瑞纂,吴之兴校点:《岩镇志草》,黄山市徽州区人民政府办公室、黄山市徽州区地方志编纂委员会办公室,2004年版。

据整理者声称,此书根据4个传本整理而成,前有明代木刻岩寺全景图。引用时,可参照《中国地方志集成·乡镇志专辑》第27册所收《岩镇志草》原文。

(清)冯煦主修,陈师礼总纂:《皖政领要》,"安徽历代方志丛书",黄山书社2005年版。

原为手抄稿本100卷,纪事范围涵盖安徽全境,资料断限起至清光绪年间(少量资料上溯至清初),下限迄至清末,其中亦颇有涉及徽州者。

(宋)罗愿编纂,萧建新、杨国宜校著:《〈新安志〉整理与研究》,"徽学研究资料辑刊",黄山书社2008年版。

《淳熙新安志》是徽州现存最早的一部完整方志,该书由《新安志》点校、资料和研究三部分组成。

黄山市编纂委员会编:《黄山志》,"安徽山水志丛书",黄山书社1988年版。

黟县地方志编纂委员会编:《黟县志》,"安徽省地方志丛书",光明日报出版社1988年版。

安徽省徽州地区地方志编纂委员会编:《徽州地区简志》,"中华人民共和国地方志丛书",黄山书社1989年版。

齐云山志编纂办公室编:《齐云山志》,"安徽山水志丛书"1990年版。

屯溪市地方志编纂委员会编:《屯溪市志》,"安徽省地方志丛书",安徽教育出版社1990年版。

休宁县地方志编纂委员会编:《休宁县志》,"安徽省地方志丛书",安徽教育出版社1990年版。

祁门县地方志编纂委员会编:《祁门县志》,"安徽省地方志丛书",安徽人民出版社1990年版。

婺源县志编纂委员会编:《婺源县志》,"江西省地方志丛书",档案出版社1993年版。

歙县地方志编纂委员会编:《歙县志》,"安徽省地方志丛书",中华书局1995年版。

绩溪县地方志编纂委员会编:《绩溪县志》,"安徽省地方志丛书",黄山书社1998年版。

中共石𪨗村村支部委员会、石𪨗村村民委员会编:绩溪《石𪨗村志》,2000年版。

绩溪县上庄镇宅坦村党支部、村委会编:绩溪《龙井春秋》,约 2000 年 12 月。

中共坦头村支部委员会、坦头村村民委员会:绩溪《坦头村志》,约 2002 年 2 月。

涧洲人士编:绩溪《磡头志》,全 3 册,跂于 2002 年。

柯林权主编:歙县《溪头志》,合肥工业大学出版社 2003 年版。

中共上庄镇余川村支部委员会、上庄镇余川村村民委员会:《(安徽绩溪)余川村志》,2004 年版。

吴正芳主编:歙县《白杨源志》,后记作于 2004 年。

叶道修主编:歙县《汪岔志稿》,打印稿,后记作于 2005 年。

吴正芳编著:歙县《白杨源逸谈》,后记作于 2006 年初夏。

中共长安镇冯村支部委员会、长安镇冯村村民委员会:《冯村志》,2007 年版。

朱祝新主编:歙县《徽州古村落——璜蔚志》,黄山学院徽州文化研究所,2007 年版。

胡在春主编:歙县《徽州古村落——璜田志》,歙县璜田志编纂委员会,2008 年版。

程成贵:《徽州文化古村——六都》,"徽学研究内部资料丛刊",安徽大学徽学研究中心编印,2000 年版。

汪大道:《徽州文化古村——潜口》,"徽学研究丛刊",安徽大学徽学研究中心编印,2001 年版。

毕新丁编著:《千年文化古村——汪口》,香港天马图书有限公司2003年版。

罗来平:《徽州文化古村——呈坎》,天马出版有限公司2005年版。

3. 调查资料

(清)刘汝骥:《陶甓公牍》12卷。宣统三年(1911年)夏安徽印刷局校印,《官箴书集成》第10册,黄山书社1997年版。

> 光绪三十三年(1907年),徽州知府刘汝骥委派当地士绅组成"统计学会",将各种法制事项分民情、风俗和绅士办事习惯等类撰说,并经刘汝骥本人汇核编订。由于各县的调查出自众手,彼此的认真程度不同,故而史料的详略及其价值也颇有差异。不过,这是清末以前所有言及徽州一府六县民俗中最为详尽的一种文献,具有极高的史料价值,其成果对于研究徽州的民俗文化和社会变迁,弥足珍贵。

〔日〕东亚同文会编纂、发行:《支那省别全志》第12卷《安徽省》,大正八年(1919年),台北,南天书局1988年版。

> 该书的资料,主要根据大正元年、三年、四年上海东亚同文书院各期日本学生的实地调查报告汇集而成。共分安徽省总说、开市场及贸易、都会、交通及运输机关、邮便及电信、主要物产及商业惯习、工业及矿产、输移入品、商业机关和金融货币及度量衡10编,调查颇为细致,并附有相关地图。该书为日文,安徽省图书馆另藏有民国传钞本《安徽省志》,即该书相关部分之中译本。

四、参考书目

铁道部财务司调查科编:《京粤线安徽段经济调查总报告书》,"铁道部经济丛书",约 1930 年。

该报告涉及旧徽州一府六县中的绩溪、歙县和休宁,调查颇为细致,如"商业经济编"部分,内容包括:(1)商业概况;(2)各业店数资本与营业总值;(3)商品量值之分析及其采销情形;(4)各业店伙人数及其工资表;(5)金融市场;(6)重要物价表;(7)度量衡;(8)市镇商况表。书中所附的不少表格,可供细致研究之参考。

吴觉农:《皖浙新安江流域之茶叶》,"农业复兴委员会委托调查·茶业调查"第 3 种,1934 年。收入张研、孙燕京主编:《民国史料丛刊》第 554 册,大象出版社 2009 年版。

该书的具体调查者为傅宏镇,故亦题作傅宏镇编(安徽省立茶业改良场,1934 年版)。全书分述皖南徽州与浙西遂淳地区的茶叶产地、面积、质量、运输和税捐等情况,并附录相关的调查表,极为详细。类似的民国时期调查资料还有一些:费同泽:《祁红复兴计划》,"安徽地方银行专刊"第 4 号,1937 年;《茶——其的一徽州茶—》,"上海满铁调查资料"第 26 编"支那商品丛书"第 11 辑,南满洲铁道株式会社上海事务所,1939 年版;皖赣红茶运销委员会《皖赣红茶运销委员会业务总报告》(1939 年),内容包括会议录与会计报告、业务概况、法规以及图表等;《皖赣红茶运销委员会第一年工作报告》;南京金陵大学农业经济系《江西宁州红茶之生产制造及运销》,以上 2 种均见《民国史料丛刊》第 554 册。

《中国经济志》第2册,"民国史料丛刊"第9种,1935年版;台北,传记文学社印行,1971年影印。

民国年间,建设委员会经济调查所曾在皖南各县调查,先后刊印了当涂、芜湖、宣城、广德、郎溪、歙县和休宁七县的调查报告。其中,对1934年歙县、休宁的调查,收入《中国经济志》第2册。除了两县的地图外,分别包括以下18项内容:形势、河流、户口、交通运输、农业、工业、贸易、财政、社会、沿革、山脉、土地、行政区划、邮电、茶叶、商业、金融和教育文化。这是现代调查的一个成果,有许多较为精确的统计数字,具有相当重要的史料价值。

大江编:《战时皖南行政资料》,屯溪隆阜,中国文化服务社皖南分社,1945年版。

该书印制简陋,文字亦时有漏误,但其中有关抗日战争对于徽州的影响,较多精彩的记载,对于研究战时经济史和社会史颇具史料价值。

华东军政委员会土地改革委员会编:《安徽省农村调查》,"华东农村经济资料"第4分册,1952年版。

该书为1950—1951年的土改调查资料,包括《皖南区农村土地情况》、《徽州专区农村情况概述》、《屯溪市隆新乡徐村调查》、《歙县潜口区西山村牛租调查》、《祁门县莲花塘村公堂、祠、会调查》、《皖南山区林山概况》、《休宁花桥村竹、木、茶山调查》、《黟县际村区卢村竹山、柴山调查》、《歙县长陔区南源村树木情况调查》和《徽州

四、参考书目

专区黄山风景区情况调查》等。

陶方平:《黄山民间风俗》,黄山书社1993年版。

  所述地域为黄山市黄山区(原太平县及歙县黄山乡、石台县广阳乡),内容包括黄山风俗演变史、婚嫁、丧葬、营造、四时习俗、庙会、黄山居民姓氏源流、古代宗法制度和民间传说,其中亦收录少量民间文献。

毕新丁编著:《婺源风俗通观》,婺源县地方志办公室、徽州社会科学编辑部,1999年版;中国文联出版社2006年版。

  该书以文字资料为主,结合口碑调查,并摘抄了婺源县方志办保存的资料,分生辰寿诞篇、婚姻嫁娶篇、四时八节篇、衣食起居篇(内分衣饰、饮食、种山养殖、起居)、农工商俗篇、殡葬祭祀篇、待人接物篇、谚语歌谣篇、词汇乡音篇、忌讳规矩篇以及附录(帖式称谓、匾悼语举隅、名胜古迹简介、民间艺术简介等)。

黄山市屯溪区地方志编纂委员会办公室编,陈安生、鲍翔立主编:《屯溪老街》,"徽州文化系列丛书",2002年版。

  元末明初,屯溪老街一带开始有成规模的商店开设,迄今仍保存有明清时代的商业风貌。该书收录有关屯溪老街的各类图片、资料及相关文献。

《徽州民俗集锦》,叶森筠编绘,皖内部图书(2003)第101号,2003年版。

  编绘者曾为歙县《溪头志》插图,全书分为古居风情、堂前系列家具、房间系列家具、厨房系列家具、综合系列家具、幼儿用具、儿童玩具、儿童服饰、生产系列农具、库房系列家具、粮油加工系列、捕鱼系列工具、捕兽系列工具和村庄简图14个系列。此书有助于将文字与民间日常生活的实物一一对应,颇具资料价值。

石谷风编著:《徽州木版年画》,"古风堂艺丛",天津美术出版社2005年版。

编著者长期从事民间工艺调查征集工作,该书从版画工艺研究的角度,收录和研究徽州木版年画。所录徽州供奉诸神和行业祖师之纸马,极为珍贵,此类年画,对民间信仰的研究,提供了重要的形象史料。不过,因编著者常以中国大传统的常识诠释徽州乡土社会特定的神祇,颇滋误解。

歙县文化局编纂委员会编,柯林权主编:《歙县民间艺术》,安徽人民出版社2006年版。

该书为民间艺术资料集,包括民间杂艺、民间舞蹈、民间戏剧、民间音乐、民间美术和民间传说,所用资料多数为采风所得,兼引他人作品,内容极为丰富,对于民间社会文化史之研究颇有助益。

俞昌泰口述,何建木、张启祥整理:《一个徽商后代的回忆》,载《史林》2006年增刊。

本文通过对婺源木商后裔俞昌泰的采访,参照民国及当代编纂的两部俞氏宗谱,略加注释,对传统迄至现代徽商的经营、家庭及其生活作了追述,为徽商研究提供了一些新的参考资料。

政协歙县委员会编:《歙县文史资料集粹》,后记作于

2007年。

  该书内容涉及政治、军事、经济、社会生活、科教文化、风光物产、人物等多个领域,共192篇80多万字,从不同侧面反映了20世纪前半期的歙县历史,或有可供史学研究之参考者。

徐海啸、许淑琼编著:《徽州·祁门风俗与氏族》,黄山市徽州文化研究院编,内部资料,2007年版。

  第一作者在祁门生活了50年,在基层长期接触地方文化,全书分风俗、俚歌俚语和氏族3卷,内容颇为丰富。

4. 工具书

婺源县地名委员会办公室编:《江西省婺源县地名志》,1985年版。

屯溪市地名委员会办公室编:《安徽省屯溪市地名录》,1985年版。

歙县地名委员会办公室编:《安徽省歙县地名录》,后记为1982年10月15日,1987年3月印刷。

祁门县地名委员会办公室编:《安徽省祁门县地名录》,1987年版。

黟县地名委员会办公室编:《安徽省黟县地名录》,1988年版。

绩溪县地名办公室编:《安徽省绩溪县地名录》,1988年版[①]。

---

① 旧徽州一府六县,仅休宁县未编地名录或地名志。

金恩辉主编:《中国地方志总目提要》,全3册,汉美图书有限公司,台北、纽约、洛杉矶,1996年版。

该书收录了1949年以前的中国历代方志8000余种,其中的徽州地区部分,对徽州的府县志及乡镇志作了解题,指明各志的优缺点以及史料价值,可供参考。

严桂夫主编:《徽州历史档案总目提要》,黄山书社1996年版。

该书分上、下两卷,上卷为徽州历史档案总论,下卷为徽州历史档案要目,从安徽省档案馆、黄山市档案馆、歙县档案馆、休宁县档案馆、黟县档案馆、祁门县档案馆、屯溪区档案馆、黄山区档案馆、绩溪县档案馆和南京大学历史系资料室共选编宋、元、明、清、民国时期重要档案目录约9600条。

中国社会科学院历史研究所收藏编纂,王钰欣、罗仲辉、袁立泽、梁勇编:《徽州文书类目》,黄山书社2000年版。

所收资料上起南宋绍兴二十七年(1157年),下迄1976年。著录了14137件(册),依据文书原件形式,分为散契、簿册和鱼鳞册3种。共划分了9大类:(1)土地关系与财产文书;(2)赋役文书;(3)商业文书;(4)宗族文书;(5)官府文书;(6)教育与科举文书;(7)会社文书;(8)社会关系文书;(9)其他文书。

上海图书馆编纂:《上海图书馆馆藏家谱提要》,上海古籍出版社2000年版。

上海图书馆藏有1949年以前的中国家谱11700

种、近 10 万册,藏量几乎是全国公共藏书机构所藏家谱的总和。其中,安徽家谱以徽州地区最为集中。该书对每部族谱都作了提要,通过提要,可以获得一些研究的线索,特别便于查阅该馆族谱。

王鹤鸣主编:《中国家谱总目》,全 10 册,上海古籍出版社 2008 年版。

该书为全世界公私收藏之中国家谱的提要式目录,著录有谱名、责任者、版本年代、卷数、始祖始迁祖、历代名人等内容,收录的下限多为 2003 年,收录的家谱条目达 52 401 种。附录有《分省地名索引》、《谱名索引》、《纂修者索引》、《堂号索引》、《先祖索引》和《名人索引》。

徐卫新、程映珍编:《黄山画人录》,黄山书社 1991 年版。

收入古今徽州籍与外地居徽州的书画家、篆刻家、鉴赏家、收藏家计 1 000 余人。

季家宏主编:《黄山旅游文化大辞典》,中国科学技术大学出版社 1994 年版。

收录黄山市辖区暨旧属徽州的绩溪、婺源、石台、旌德以及淳安等地的旅游文化资源及相关旅游文化设施约 3 000 条,包括自然与人文环境、名山秀水、文物胜迹、文学艺术、学术教育、著名人物、民俗风情、掌故谣谚、风味特产和旅游服务 10 卷,内容颇为丰富,可备翻检参阅。

李国庆编:《徽州歙邑仇村黄氏世系表》,载其编纂《明代刊工姓名索引》,上海古籍出版社 1998 年版。

歙县仇村刻工黄氏,在明清印刷史上占有重要的地位。据传本考知,自明中叶以迄清道光年间,约有400位黄姓刻工参与雕版印书业。该表据清黄开篪纂修、道光十年(1830年)刻本《虬川黄氏重修宗谱》编成,共录黄氏21世至35世全部男丁共计1 020余人。

李荣主编,赵日新编纂:《绩溪方言词典》,"现代汉语方言大词典·分卷",江苏教育出版社2003年版。

作者赵日新为绩溪荆州乡人,长期搜集绩溪方言材料。除了方言研究外,该书对于探讨绩溪乡土文化、民事惯例亦颇有助益。

王中秀编著:《黄宾虹年谱》,上海书画出版社2005年版。

该书综合海内外公私藏家所藏的黄宾虹文献,综合口碑史料,对著名画家黄宾虹(歙县潭渡人)的生平和学术作了细致的钩稽,后附"近现代人物笔画索引"。此书是迄今为止最为详尽的黄宾虹年谱,可为徽学研究提供诸多线索。

蒋元卿:《皖人书录》,黄山书社1989年版。

该书完成于1964年,所录文献为安徽人的著作,包括已划归其他省的地区,如划归江西的婺源和划归湖北的英山县。亦包括寄籍外地的人士,嫁归本省人士之外籍妇女,凡有著作可考者,均在收录之列。收录时限,上起春秋,下迄1919年。

陈五元编:《婺源历代作者著作综录》,婺源县图书馆,

1997年1月,内部发行。

  该书为婺源历代文献目录之总汇,辑录了上起南宋、下迄民国的婺源学者1050余人,著述3100余种,凡有名可稽,不论存佚,皆予收录。书末附有"编著者姓名索引"、"书名索引"和"地名对照表"等。该书完成于1989年,后由婺源县图书馆修订印行,是研究婺源的必备工具书。

歙县档案馆编:《歙县档案馆指南》,1998年6月内部出版。

  内容分为歙县档案馆概况、馆藏档案介绍、馆藏资料介绍,颇便实用。

王乐匋主编:《新安医籍考》,安徽科学技术出版社1999年版。

  列举清末以前新安医家所著的医籍共800余部,每部介绍基本情况及版本与馆藏,后附人名索引,为"新安医学"研究之重要参考书。

阚华主编:《安徽省馆藏皖人书目(—1949)》,黄山书社2003年版。

  共收录1949年以前的皖人著作8658种,所录作品以安徽省图书馆的收藏为主,兼采安徽省博物馆、安徽大学图书馆、安庆市图书馆、桐城市图书馆、歙县图书馆、歙县博物馆、安徽师范大学图书馆等单位的收藏。"皖人"著作收录的地域范围包括今安徽省辖区及原属安徽的今江西婺源、湖北英山和江苏盱眙等地。

方有正编著:《古歙谭概》,群言出版社2005年版。

作者在阅读大批论著后,将之浓缩为条目,以辑录文献为主,兼有记述、议论、考证,收入歙县历史文化资料1198条,分建置沿革、山水禽聚、寻根问祖、名流名士、文教撷英、艺林散叶、杏林传芳、儒魂商魄、店铺商号、民居纵览、祠堂探幽、坊林掠影、玉腰记美、村镇街巷、亭台楼阁、竭坝井泉、庵庙宫观、园林寻芳、佳城幽堂、古道险隘、古树名木、宝物珍赏、特产名品、徽味美食、书林折枝、名篇佳作、方言乡语、民谚民谣、民风民俗和遗闻轶事等30类。此书分门别类,查阅颇为便利,可与《黄山旅游文化大辞典》相互参阅。

(台)王尔敏:《中国传统记诵之学与诗韵口诀》,载氏著《明清社会文化生态》,台湾商务印书馆1997年版,第145—147页。该书另有广西师范大学出版社2009年版。

该文列举晚清民国时期香港老儒翁仕朝手抄的一至一万五千的苏州码数字表和问斤求两口诀,颇便实用。在传统时代,苏州码的使用极为普遍。在民间,苏州码亦称"草码"或"柴码"。关于苏州码,另见:陈从周撰《旧式记账的数码及账册》(载氏著《梓室余墨》,生活·读书·新知三联书店1999年版,第376—377页)一文,列有约30个简单的草码;绩溪《坦头村志》第43页,列有柴码序数词和斤、两等;柯林权主编《溪头志》中,亦列有详细的记数草码(分为序数码、整数码、金额码、斤两码、药方码、日用码);柯氏另作有《记数用草码》

（载滕祁源主编《中国历史文化名城·歙县》,黄山书社2007年版,第177—183页）一文,末附"各类草码"。

薛贞芳编:《徽学研究论著资料汇编》,安徽大学图书馆刊印,1995年,内部资料。

已刊发的徽学论文之复印资料,汇编分为"总论、徽商、农村社会与土地制度、文化艺术、其他"五大部分,分装14册,首册列有汇编总目录,目录前部为已收论文目录,后部为存目,第14册另附有"徽学研究参考文献书目"。

万正中编:《徽州人物志》,黄山书社2008年版。

该书收录旧徽州一府六县范围内及太平、旌德两县部分人物5 000余人,分政事、徽商、教育、文化、藏书刻书、学术、文学、绘画、版画、书法、篆刻、医学、科学技术、徽墨、歙砚、名媛、流寓和释道共18卷,按传主业绩分类列卷,依时序先后编排,可供查阅人物生平事迹之参考。

5. 著作、论文集

张仲一、曹见宾、傅高杰、杜修均编:《徽州明代住宅》,建筑工业出版社1957年版。

该书是建国后第1部有关徽派建筑的研究专著,除导言及自然条件、社会背景的介绍外,综合报道了20余处明代住宅的概况,其中附录有数十幅徽派建筑之测绘图。

叶显恩:《明清徽州农村社会与佃仆制》,安徽人民出版社1983年版。

此书是从事徽学研究必读的学术专著,见"本领域研究示例"1。

章有义:《明清徽州土地关系研究》,"中国社会科学院经济研究所中国经济史丛书",中国社会科学出版社1984年版。

论文集,共收录论文16篇,见正文。

中国艺术研究院戏曲研究所、安徽省艺术研究所、安徽省祁门县人民政府编:《目连戏研究文集》,1988年,合肥。

该书为1984年4月在祁门召开的目连戏学术研讨会之论文集,收入倪国华、汪效倚、陈长文、郑建新、雷维新、郑存孝、魏慕文、茆耕茹以及日人田仲一成、诹访春雄等的26篇论文。

〔美〕罗威廉(William T. Rowe):《汉口:一个中国城市的商业与社会(1796—1889)》(*Hankow: Commerce and Society in a Chinese City*,1796-1889),斯坦福大学出版社1984年版;中文本,江溶、鲁西奇译,"国家清史编纂委员会·编译丛刊",中国人民大学出版社2005年版。

作者另作有《汉口:一个中国城市的冲突与社区,1796—1895》(Hankow: Conflict and Community in a Chinese City,1796-1895),斯坦福大学出版社1989年版。该两书虽非徽学专著,但对了解徽商在汉口的活动颇有助益。

《江淮论坛》编辑部编:《徽商研究论文集》,安徽人民出版社1985年版。

该书由孙树霖、刘淼编辑,收入傅衣凌、李则纲、刘和惠、叶显恩、薛宗正、刘文智、刘淼、曹觉生、藤井宏、宋汉理、秦佩珩、陈野、郑力民、王思治、金成基、王方中、萧

国亮、朱宗宙、张棪和杨德泉等学者论文计24篇,集中反映了20世纪80年代中叶国内外徽学研究的现状。

安徽省文化艺术研究所编:《评黄山诸画派文集》,上海人民美术出版社1987年版。

该书收入陈传席《论皖南诸画派几个问题》、台湾李大空《明清之际赞助艺术的徽州商人》、美国高居翰《黄山特展目录导论》、日本新藤武弘《在日本的黄山画派作品及其研究》等论文31篇,基本反映了20世纪80年代中叶海内外"新安画派"研究的现状。

杨国桢:《明清土地契约文书研究》,人民出版社1988年版;2009年中国人民大学出版社修订版。

该书透过土地契约文书反映出的土地所有权内部结构及其历史运动,揭示明清社会演变的底蕴。其中的第三章第一节为皖南祁门县的营山与棚民,第四章第二节为从民间文约看明清徽州土地关系的几个问题。

刘淼辑译:《徽州社会经济史研究译文集》,黄山书社1988年版。

收录日本斯波义信、多贺秋五郎、牧野巽、仁井田陞、中山八郎、佐伯富、重田德、松浦章、冈野昌子,荷兰宋汉理以及美国贺杰、居蜜等学者有关徽州社会经济史研究论文共16篇,后附"徽州社会经济史研究文献目录"等。

章有义:《近代徽州租佃关系案例研究》,"中国社会科学院经济研究所中国经济史丛书",中国社会科学出版社1988年版。

该书为《明清徽州土地关系研究》之续集,共收入 9 篇论文,见正文。

〔荷〕Harriet Thelma Zurndorfer(宋汉理):*Change and Continuity in Chinese Local History：The Development of Hui-Chou Prefecture*, 800 to 1800. Leiden, New York: E. J. Brill, 1989.

此书为西方学界最早、较为全面研究徽州社会文化的学术专著。全书共分 6 章,分别对《新安大族志》与中国士绅社会的发展,休宁范氏宗族的个案,徽州的土地所有、租佃关系和赋税负担,佃仆、社会冲突与明清鼎革之际的徽州社会,以及明清时期徽州的精英和大众文化等,作了细致的探讨。其中的第一章中译文原载《中国社会经济史研究》1982 年第 3 期、1983 年第 2 期,后收入《徽商研究论文集》;第二章原载荷兰汉堡莱登大学《通报》(1984 年),中译文《徽州地区的发展与当地的宗族——徽州休宁范氏宗族的个案研究》,见刘森辑译《徽州社会经济史研究译文集》。

张海鹏、张海瀛主编:《中国十大商帮》,黄山书社 1993 年版。

该书第十章为"徽州商帮"。

唐力行:《商人与中国近世社会》,"中国社会史丛书",浙江人民出版社 1993 年版。

该书以徽商研究为核心,从更宏观的角度对近世前期商人的整合与商帮之兴起、商人组织、商人与中国资本主义萌芽、商人与社区生活、商人文化、近世后期商人的整合与资产阶级的兴起以及商人在近世社会演进中的角色等,作了细致的探讨。

中国人民政治协商会议景德镇市委员会文史资料研究委员会编:《景德镇徽帮》,《景德镇文史资料》第9辑,1993年版。

收入《景德镇徽帮》、《民间金融业钱庄》、《押物贷款的典当业》、《享有善誉的药业》、《徽商绸布业》、《米业徽商》、《酱磨业简述》、《徽帮的酒楼茶馆》、《徽商富户汪廷瑞》、《徽州会馆与群众团体》、《新安小学》、《紫阳中学》、《旅景西递人》和《我的学徒生活》等文,一些口述回忆颇具价值。

张脉贤主编:《徽学研究论文集(一)》,黄山市社会科学界联合会、《徽州社会科学》编辑部,1994年版,内部发行。

收入1993年10月22日至28日"全国徽学学术讨论会暨徽学研究与黄山建设关系研究会"论文20篇,作者包括赵华富、刘伯山、张海鹏、白盾、王廷元、王振忠、崔思棣、周兆茂、周绍泉、栾成显、刘尚恒、陈柯云、周晓光、方光禄、陈爱中、刘秉铮、陈长文、徐子超、郝延红、阿风。后附周绍泉、赵亚光所编"徽学研究系年"及程自信、江太新、黄成林、唐力行、郑力民、杨应芹等数篇会议论文摘要。

(台)张寿安:《以礼代理——凌廷堪与清中叶儒学思想之转变》,台北,"中央研究院"近代史研究所1994年版;河北教育出版社2001年版。

该书主要讨论凌廷堪与清代中叶礼学思想之兴起。关于凌廷堪,可参见王章涛著《凌廷堪传》,"扬州学派丛书",广陵书社2007年版。

刘秋根:《中国典当制度史》,上海古籍出版社1995年版。

此书虽非徽学专著,但其制度史的梳理,对徽州典当业之研究颇有助益。

徐学林:《徽州出版史叙论》,安徽美术出版社1995年版。

内有《徽州府印刷艺术是古代出版艺术的顶峰》等文。

张海鹏、王廷元主编:《徽商研究》,安徽人民出版社1995年版。

该书为20世纪90年代中叶安徽学者研究徽商的集大成之作,见"本领域研究示例"2。

王振忠:《明清徽商与淮扬社会变迁》,生活·读书·新知三联书店1996年版。

该书为徽商与区域研究的专著,见正文。

张国标编撰:《徽派版画艺术》,安徽省美术出版社1996年版。

该书收录大批徽派版画,每张均有题记或解说,前有作者所作《徽派版画艺术略论》。

赵华富编:《首届国际徽学学术讨论会文集》,黄山书社1996年版。

收录1994年秋在黄山市召开的首届国际徽学学术讨论会（黄山市人民政府、安徽大学、安徽师范大学、安徽省社会科学院、安徽省新闻出版局、安徽省哲学社会科学联合会主办）14篇论文，作者分别为赵华富、郑力民、王振忠、江太新、张海鹏、王廷元、张民服、新宫学、周晓光、许宗元、杨应芹、居蜜、叶显恩、刘尚恒、李国庆。

陈学文：《明清时期商业书及商人书研究》，"国学精粹丛书"46，台北，洪叶文化事业有限公司1997年版。

分上、下两编，分别就明清商书的总体及应用、明清商书的个案展开分析。所用商书有不少藏于日本，其中多涉徽商所编商书及徽商的经营之道，后附"关于明清商书版本与序列的研究"、"商书研究论著目录"。该书是迄今为止有关商书研究最为系统的著作。

唐力行：《商人与文化的双重变奏——徽商与宗族社会的历史考察》，"东方商旅丛书"，华中理工大学出版社1997年版。

该书探讨了宗族文化、商人文化对徽商及徽州社会的影响，研究宗法制度与社会生活的互动，分析了宗法制度在徽商经营活动中的重要作用，以及以宗族文化为核心的新安文化之双重作用等。

王世华：《富甲一方的徽商》，"中国地域商人丛书"，浙江人民出版社1997年版。

分上、下两编，上编7章是对徽商兴衰的总体概述，下编4章则为4个徽商家族（棠樾鲍氏盐商、绩溪墨商胡开文、盐商江春、歙县芳坑江氏茶商）的个案分析。此书可与张海鹏、王廷元主编的《徽商研究》相互参照。

(台)黄学堂:《胡传传》,"台湾先贤先烈专辑",台湾省文献委员会编印,1997年版。

该书为胡适之父胡铁花的学术传记,后附"胡传简要年谱"及遗嘱、像赞、碑记、家传3种和参考资料(含胡传著述篇目)。

周绍泉、赵华富主编:《'95国际徽学学术讨论会论文集》,安徽大学出版社1997年版。

收录1995年8月在黄山举办的"'95国际徽学学术讨论会"(中国社会科学院徽学研究中心、安徽大学徽州学研究所和黄山市社会科学界联合会共同举办)论文25篇,作者分别为叶显恩、赵华富、栾成显、臼井佐知子、胡槐植、周绍泉、陈柯云、涩谷裕子、周致元、中岛乐章、川胜守、王振忠、黄成林、吴长庚、洪璞、沟口雄三、陈福坡、陈爱中、杨应芹、郑德熙、曹志耘、周启荣、翟屯建、宫崎洋一、马楚坚。

〔日〕平田昌司主编:《徽州方言研究》,中国语学研究"开篇"单刊No.9,好文出版1998年版。

该书除了徽州方言概说、语音、词汇、语法外,还有对休宁县民居和村庄的调查,特别是对道教名山齐云山建筑、生活的调查,具有语言学之外的学术意义。

栾成显:《明代黄册研究》,中国社会科学出版社1998年版,2007年增订本。

该书为明代赋役制度研究的代表性著作,见"本领域研究示例"3。

周晓光、李琳琦:《徽商与经营文化》,"经营文化丛书",上海世界图书出版公司1998年版。

  该书对徽商经营的价值观、经营方式、经营中的心理活动、对经营环境的营造,以及商业道德、生活文化作了阐述。

余丽芬:《胡雪岩与经营文化》,"经营文化丛书",上海世界图书出版公司1998年版。

  绩溪人胡光镛(1823—1885年)字雪岩,为晚清著名的"红顶商人"。该书从史学研究角度评述胡雪岩的是非功过及其经营之道,后附"胡雪岩生平大事年表"及"浙江巡抚查封清单"等。

周绍良:《蓄墨小言》,全2册,"当代文物鉴定家论丛",北京燕山出版社1999年版。

  作者为藏墨大家,内中图文多涉徽墨及徽州墨商,从实物角度提供史料,可供进一步研究之参考。类似的著作尚有:周绍良《清代名墨谈丛》(文物出版社1982年版),尹润生《墨林史话》(紫禁城出版社1986年版)。此外,王俪阎、苏强著《明清徽墨研究》(上海古籍出版社2007年版),虽非严格的学术著作,但其中收录的一些有关徽墨之彩色及黑白图片,间或可供研究之一助。

唐力行:《明清以来徽州区域社会经济研究》,安徽大学出版社1999年版。

  该书系由21篇论文整合而成,共分徽州宗族、徽州商人、徽州文化、徽州社会和徽州人物5编。

赵华富:《两驿集》,黄山书社1999年版。

该书为作者元史和徽学的论文集,下卷收录15篇徽学论文。

张郁明主编:《清代徽宗印风》,重庆出版社1999年版。

在清代篆刻流派中,"徽宗"是一个重要的印学流派体系,该书对"徽宗"之构成及其艺术风格之嬗变等,均作了概述。相关的研究,可参见《徽派篆刻》(翟屯建著,2005年版)、西泠印社编《明清徽州篆刻学术研讨会论文集》(西泠印社出版社2008年版)等。

李文治、江太新:《中国宗法制度和族田义庄》,"中国经济史研究丛书",社会科学文献出版社2000年版。

内有《释明万历徽州〈休宁范氏族谱·宗规〉》和《明清徽州府分家书及置产簿所反映的族田事例》2文。

周绍泉、赵华富主编:《'98国际徽学学术讨论会论文集》,安徽大学出版社2000年版。

该书收入1998年8月在安徽绩溪召开的"'98国际徽学研讨会"(中国社会科学院历史研究所、安徽大学、安徽师范大学、绩溪县政府共同主办)论文38篇,作者包括周绍泉、叶显恩、王廷元、臼井佐知子、陈学文、范金民、松浦章、王振忠、陈智超、朴元熇、赵华富、栾成显、夫马进、岩井茂树、权仁溶、张雪慧、伍跃、阿风、周致元、卞利、川胜守、李琳琦、周晓光、杨应芹、方利山、张玉才、赵日新、翟屯建、程自信、曹天生等。

四、参考书目

卞利:《胡宗宪评传》,中国文联出版社2001年版。

绩溪龙川人胡宗宪(?—1565),明代著名军事家,该书为胡宗宪的学术评传,后附"胡宗宪大事系年"。

〔法〕Michela Bussotti(米盖拉), *Gravures de Hui: étude du livre illustré chinois : fin du XVIe siècle-première moitié du XVIIe siècle* ,Paris : Ecole francaise d'Extrême-Orient, 2001.

该书是有关16世纪末至17世纪前期徽州版画研究的专著。

〔日〕中岛乐章:《明代乡村の纷争と秩序——徽州文书を史料として》,汲古书院,"汲古丛书"36,2002年版。

该书以徽州诉讼文书为中心,探讨明代乡村纷争处理的实态及其变迁,并讨论为其背景的社会变动、宗族结合之展开以及徽州佃仆制等诸问题,藉以揭示当时乡村社会纷争解决与秩序形成的应有样貌。

〔韩〕朴元熇:《明清徽州宗族史研究》,韩国,知识产业社2002年版;中文修订版,中国社会科学院出版社2009年版。

该书为徽州宗族史研究的学术专著,见"本领域研究示例"5。

王振忠:《徽州社会文化史探微——新发现的16—20世纪民间档案文书研究》,上海社会科学院出版社2002年版。

该书从社会文化史的角度,力图将狭义文书(即契约)的研究转向全方位民间文书文献的研究,见正文。

"中国文化遗珍·徽州卷",辽宁人民出版社2002—2004年版。

包括《通向世界的路——徽州古桥》(卞利著)、《千古悲欢阅沧桑——徽州古牌坊》(罗刚著)、《桃花源里人家——徽州古村落》(王星明著)、《聚族而居柏森森——徽州古祠堂》(张小平著)、《十户之村不废诵读——徽州古书院》(陈瑞著)、《花雨弥天妙歌舞——徽州古戏台》(陈琪、张小平、章望南著)、《徽州古刻书:刀走龙蛇文脉长》(方维保著)、《徽州古园林:远山近水漫溢情》(洪振秋著)、《徽州古艺事:笔底烟云称新安》(黄剑著)、《徽州古茶事:茶寮声细氤氲远》(郑建新著),诸种虽属通俗读物,但其中图片及资料间有可取者。

李琳琦:《徽商与明清徽州教育》,湖北教育出版社2003年版。

该书为明清徽商与徽州区域教育史专著,见正文。

熊远报:《清代徽州地域社会史研究——境界・集団・ネットワークと社会秩序》,汲古书院,"汲古丛书"45,2003年版。

该书在复原村落自然和人文环境的基础上,动态描述和分析了19世纪中叶以前的村落社会,并进而探讨传统中国基层社会的形态和特质。从利用的资料来看,作者对婺源县庆源村族谱、日记和婺源县西关坝诉讼案,作了重点的观照。

陈学文:《徽商与徽学》,方志出版社2003年版。

该论文集涉及徽州商业资本、徽商与江南社会经济、徽州商业文化、徽州土地契约、徽州族谱方志、胡适手稿、徽商与龙游商帮的比较研究等。

郭绪印:《老上海的同乡团体》,文汇出版社2003年版。

该书共有14章,其第5章为"徽商同乡团体",利用档案等史料,对徽宁会馆、徽宁旅沪同乡会和歙县旅沪同乡会等,都作了较为细致的梳理。

刘尚恒:《徽州刻书与藏书》,广陵书社2003年版。

该书对徽州刻书、刻工和藏书,作了比较系统的梳理,可作工具书时时翻检。

李俊:《徽州古民居探幽》,上海科学技术出版社2003年版。

图文图书,此书重点探讨徽州古村落的消防历史及文化,后附"徽州历史火灾大事记"、"徽郡太守何君德政碑记"、"郡侯何公德政碑阴叙"、《民国癸酉理源新置洋龙捐款收支征信录》和《复办水龙碑志》等。

柯灵权:《古徽州村族礼教钩沉》,中国文史出版社2003年版。

作者出自农村基层,熟谙乡土掌故,全书分村族和礼教上、下两卷,对传统社会、民俗研究颇有助益。

赵华富:《徽州宗族研究》,安徽大学出版社2004年版。

该书概述了徽州宗族的兴起、组织结构、祠堂和祖墓、谱牒、族产、族规家法、宗族传统、经商风尚,并对歙县呈坎前后罗氏、黟县西递明经胡氏宗族作了个案分析。征引的史料,除了传世的历史文献外,还有一些通过实地调查所获的资料,可供进一步研究之参考。

(台)朱开宇:《科举社会、地域秩序与宗族发展——宋明间的徽州,1100—1644》,台湾大学出版委员会2004年版。

  作者认为:生态的贫瘠与贫富悬殊等造成的社会不安,是徽州宗族制度强固的症结所在。明朝中晚期徽州宗族制度的真正强化与落实,与该地充分显示出的"流动不安"息息相关。此书为作者的硕士学位论文,其中的一些章节研究颇为细致(如对《茗洲吴氏家记·社会记》的探讨),其基本结论——"徽州生态经济对社会结构所产生的制约性",可备一说。

卞利:《明清徽州社会研究》,安徽大学出版社2004年版。

  该书为徽州社会史研究专著,见正文。

韩秀桃:《明清徽州的民间纠纷及其解决》,"安徽大学徽学研究中心学术丛书",安徽大学出版社2004年版。

  该书利用《窦山公家议》、《不平鸣稿》、《歙纪·纪谳语》、《茗洲吴氏家记》、《纸上经纶》、《海阳纪略》及其他文书,作法制史的探讨。

朱万曙主编:《论徽学》,"安徽大学徽学研究中心学术丛书",安徽大学出版社2004年版。

  分上、下编,共收入30篇文章,试图论述徽学的内涵及其学科属性。

林济:《长江流域的宗族与宗族生活》,湖北教育出版社2004年版。

  该书采用族群观念探讨宗族文化之形成,讨论了包括徽州在内的长江流域各地宗族结构与宗族文化的特征。

四、参考书目

姚邦藻、鲍义来、方利山、俞乃华:《汪世清谈徽州文化》,当代中国出版社 2004 年版。

> 该书据汪世清致友朋信札汇编而成,涉及新安文献、新安艺术、徽州收藏、新安诗苑、歙县人文、著名人物、徽州学研究方法等。

程必定、汪建设等主编:《徽州五千村》,共 12 册,黄山书社 2004 年版。

> 该书选择具有代表性的 550 多个村落,涵盖范围包括黄山市的屯溪区、徽州区、黄山区、歙县、黟县、休宁和祁门,以及原属徽州的绩溪和江西婺源,还有受徽州文化影响较大的旌德县。此书虽属普及读物,但各文均由当地熟悉乡土掌故者所作,颇有可供学术研究参考者。

《徽州古村落文化丛书》,共 10 册,合肥工业大学出版社 2005 年版。

> 安徽黄山当地学者的撰述,分别为:《望族的故乡:龙川》(洪少锋著);《自然与艺术的灵光辉映:西溪南》(董建著);《聚落人文的典范:渚口》(倪国华著);《书院与园林的胜境:雄村》(汪昭义著);《儒商互济的家园:昌溪》(吴兆民著);《村落构建艺术的奇葩:石家村》(何峰著);《宗族文化的标本:江村》(方光华著);《和谐有序的乡村社区:呈坎》(马勇虎著);《天人合一的理想境地:宏村》(舒育玲、胡时滨著);《徽商的智慧与情怀:西递》(余治淮著)。虽属普及读物,但亦可供进一步研究相关村落之参考。

黄山市政协文史资料委员会编:《徽州大姓》,安徽大学出版社2005年版。

安徽黄山当地学者的撰述,以姓氏为单元,概述方、王、江、萧江、许、吕、朱等25个姓氏的历史。

《徽州文化全书》,安徽人民出版社2005年版。

丛书计有《徽州土地关系》(刘和惠、汪庆元著)、《徽商》(王廷元、王世华著)、《徽州宗族社会》(唐力行著)、《徽州教育》(李琳琦著)、《徽州科技》(张秉伦、胡化凯著)、《新安理学》(周晓光著)、《徽派朴学》(洪湛侯著)、《新安医学》(张玉才著)、《徽州戏曲》(朱万曙著)、《新安画派》(郭因、俞宏理、胡迟著)、《徽派篆刻》(翟屯建著)、《徽派版画》(张国标著)、《徽州工艺》(鲍义来著)、《徽州刻书》(徐学林著)、《徽州文书档案》(严桂夫、王国键著)、《徽州建筑》(朱永春著)、《徽州村落》(陆林、凌善金、焦华富著)、《徽州民俗》(卞利著)、《徽州方言》(孟庆惠著)和《徽菜》(邵之惠、洪璟、张脉贤著)计20册,主要是由安徽学者撰写,涉及徽学的诸多侧面。

常建华:《明代宗族研究》,上海人民出版社2005年版。

该书有专章专节讨论徽州的宗族祠庙祭祖、宗族的乡约化以及族规等问题,见正文。

〔日〕臼井佐知子:《徽州商人の研究》,日本,汲古书院2005年版。

作者为东京外国语大学外国语学部教授,是日本学界徽学研究的代表性人物。该书利用第一手的徽州文书展开研究,除序章外,共有3部分,分别对徽州商人及其商业活动、徽州的典当业与典当经营、徽州的宗族关系等,作了细致的探讨。

张健:《新安文献研究》,安徽人民出版社2005年版。

作者论文集,分别论述"徽州文献及其人物评述"、"徽州人著述考略"、"徽州人著述研究"和"徽州文献个案研究"。

Guo Qitao(郭琦涛), *Ritual Opera and Mercantile Lineage: The Confucian Transformation of Popular Culture in Late Imperial Huizhou*, Stanford, Calif.: Stanford University Press, 2005.

该书题作"仪式剧与商帮:明清时期徽州通俗文化向儒家文化的转变",对17世纪徽州的目连戏作了细致的分析。

王振忠著,李玉祥摄影:《水岚村纪事:1949年》,生活·读书·新知三联书店2005年版。

该书透过对新发现的民间文献《詹庆良本日记》(1949—1950年)之解读,展示一位徽州少年个人的生命史及1949年前后徽州基层社会的变迁。后附日记原文、《敕封新龙山宗师法主万六詹真人运气第一灵签》。

张成权:《王茂荫与咸丰币制改革》,"近代皖人话国是小丛书",黄山书社2005年版。

该书对王茂荫生平及其经济思想,作了较为系统的概述,后附王茂荫年表。

韩国国学振兴院国学研究室编:《安东与徽州文化比较研究》,2005年版。

收入韩中两国学者的韩、中文论文各10篇,从古文书、印刷史、宗教惯行、村落民居的角度比较了安东与徽州文化。

周晓光:《徽州传统学术文化地理研究》,安徽大学出版社2006年版。

该书从历史文化地理角度,对徽州传统学术文化作空间探索,涉及徽州传统学术文化区的形成与变迁、区域表征、空间传播及文化景观等。

韩结根:《明代徽州文学研究》,复旦大学出版社2006年版。

该书是明代徽州文学研究方面的第一部专著,见正文。

蔡锦芳:《戴震生平与作品考论》,广西师范大学出版社2006年版。

休宁隆阜(今属安徽省黄山市)人戴震,是18世纪中国的著名思想家,该书以其人生平及作品中富有争议的问题为考察对象。相关的研究,尚可参见徐道彬《戴震考据学研究》,安徽大学出版社2007年版。

汪世清:《卷怀天地自有真:汪世清艺苑查疑补证散考》2册,台湾石头出版股份有限公司2006年版;河北教育出版社2010年版。

论文集以翔实的文献史料,对艺苑人物、书画作者及作品个案加以细致探讨,厘清了明清美术史上的诸多疑点,书中内容多涉徽州画人画派之论述、考证。

唐力行等:《苏州与徽州——16—20世纪两地互动与社会变迁的比较研究》,商务印书馆2007年版。

徽州及区域社会比较研究专著,见正文。

薛贞芳:《徽州藏书文化》,"安徽大学徽学研究中心学术丛书",安徽大学出版社2007年版。

除绪论外,全书共分4章,就徽州藏书文化形成的背景、徽州私家藏书的历程、徽州公藏之构成和徽州藏书文化解读展开论述,书末附录有"徽学研究论著目录"(1932[①]—2005年)。

王振忠:《千山夕阳:明清社会与文化十题》,香港城市大学"中国文化中心讲座系列",香港城市大学出版社2007年版。该书于2009年另由广西师范大学出版社出版,题作:《千山夕阳:王振忠论明清社会与文化》。

学术讲演论文集,收录10篇论文,中有"梦里徽州——明清徽商与徽州文化"、"徽州文书的再发现——民间文献与传统中国研究"、"鱼雁留痕——传统时代的情感档案"、"漂广东——徽州茶商的贸易史"、"商路上的武艺——徽商与少林功夫"、"《太平欢乐图》——盛清画家笔下的日常生活图景"和"小说中的徽商与徽商撰写的小说——《我之小史》的发现及其学术意义"等文,

---

① 实际收录自1934年。

均与徽州有关。

〔澳大利亚〕安东篱(Antonia Finnane)著,李霞译、李恭忠校:《说扬州:1550—1850年的一座中国城市》,中华书局2007年版。

> 该书为西方学者对明清扬州研究的代表性专著,其中,对16世纪以降徽商在扬州的兴起、徽人与扬州人的关系等,多所涉及。

范金民等:《明清商事纠纷与商业诉讼》,南京大学出版社2007年版。

> 该书较为系统地探讨了明清商事纠纷与商业诉讼,共分8章,分别论述了商会产生前后的商事纠纷与商业诉讼、商人对当官应值的额外负担之控诉,并以商帮为主体,考察了商人群体之间、商帮之间的商事纠纷与商业诉讼,以及与社会各阶层的复杂关系。其中,亦多有徽商的案例。

卞利:《国家与社会的冲突和整合——论明清民事法律规范的调整与农村基层社会的稳定》,中国政法大学出版社2008年版。

> 该书研究明清民事法律规范,如:户籍法,田宅交易法,土地租佃关系立法,典当和借贷法律规范,婚姻、家庭和财产继承等方面的法律规范,民事诉讼法,对"健讼"和讼师的立法调整等。并以典型的个案剖析,探讨明清徽州的民事纠纷与民事诉讼,从明清徽州的乡规民约看国家法与民间习惯法之间的冲突与整合。

刘道胜:《明清徽州宗族文书研究》,安徽人民出版社2008年版。

> 该书以明清徽州宗族文书为中心,将文书档案与文献记载相结合,具体考察徽州宗族文书的形成、遗存及其形态,探讨宗族文书的契约表达程式,并对宗族文书加以分类考述,藉以揭示明清徽州宗族所固有的种种社会关系,进而分析国家和宗族的制度规范与民间实际运作之间的差异。

刘和惠:《探古集》,安徽人民出版社2009年版。

> 此书为安徽省博物馆刘和惠研究员的论文集,分上、中、下三卷,中卷收录了有关契约文书及徽商研究的学术论文计21篇。该书于原始文献发掘及实证探究方面均颇见功力。

阿风:《明清时代妇女的地位与权利——以明清契约文书、诉讼档案为中心》,社会科学文献出版社2009年版。

> 该书以徽州文书、台湾淡新档案等明清地方档案文书,从法律规定与文书档案两个层面分析中国家庭的法律构造,探讨妇女的地位与权利。书中各章分别为"同居共财家庭妇女的地位与权利"、"继承文书所见妇女的地位与权利"、"土地买卖文书所见妇女的地位与权利"、"卖身文书与婚姻(变例婚)文书所见女性的地位与权利"、"民事诉讼过程中妇女的身份与地位",附录有"契约文书中已婚妇女称谓的变化"以及明清妇女土地买卖文书目录,不少方面较前人研究多所推进。

冯剑辉:《近代徽商研究》,合肥工业大学出版社2009年版。

该书内容包括从明清徽商到近代徽商、近代徽商"解体"辨、近代徽州茶商述评、近代徽商在传统行业中的经营及近代徽商转型述评等。

〔日〕国文学研究资料馆档案研究系:《中近世アーカイブズの多国間比較》,日本东京:岩田书院2009年版。

该书为"历史档案的多国比较研究"国际合作项目成果之一,内容涉及统治组织、家与村落、商人与都市、诉讼文书与继承文书等。共收录日本、韩国、中国、法国、土耳其、意大利和英国古文书研究专家的28篇学术论文,其中与徽州文书相关者包括:臼井佐知子《中国における商業関係文書について》,阿风《明清徽州訴訟文書の分類》,王振忠《村落文書と村落志——徽州歙県西溪南を例として—》、《清代徽州における小農家庭の生活状況——"天字號闔書"に対する考察—》等文。

6. 论文

1957年以前

熊鱼山:金正希先生年谱,《神州丛报》第1卷第1期,1913年;第1卷第2期,1914年。

古欢:金正希与基督教,《进步》第9卷第6期,1916年。

许博如:炼心石怀金正希,《学生文艺丛刊》第2卷第6期,1925年。

〔日〕根岸佶:支那の同鄉團體,东京商科大学商学研究编辑所编《東京商科大学創立五十周年記念論文集》,东京,同文馆,1925年。

〔日〕根岸佶:上海徽宁思恭堂,《支那ギルドの研究》,东京,斯文书院,1932年。

罗常培:徽州方言的几个要点,《国语周刊》第152期,1934年8月25日。

郑振铎:明代徽派的版画,《大公报》1934年11月11日。

黄宾虹:新安派论略,《国画月刊》第1卷第3期,1935年。收入《黄宾虹文集》书画编(下)。

吴景贤:金正希之抗清运动,《学风》第5卷第1期,1935年。

吴景贤:金正希之地方自卫,《学风》第5卷第6期,1935年。

吴景贤:金正希之学术研究,《学风》第5卷第8期,1935年。

吴景贤:金正希之思想研究,《学风》第5卷第9期,1935年。

王立中:记徽州木刻艺术,《国闻周报》第13卷第46期,1936年。

吴景贤:明清之际徽州奴变考,《学风》7卷第5期,1937年。

陈友琴:金正希与江天一,《青年界》第11卷第1期,1937年。

孔彦培:从《程氏墨苑》而谈到明代的板画,《艺术与生活》1939年第4期。

予向(黄宾虹):渐江大师事迹佚闻,《中和》月刊第1卷第5、6期。收入《黄宾虹文集》书画编(下)。

〔日〕牧野巽:明代における同族の社祭記錄の一例——休寧茗洲呉氏家記社会記について——,《东方学报》第11册,1940年3月,又收入氏著《近世中国宗族研究·牧野巽著作集》第3卷,东京,御茶の水书房,1980年9月25日。中文译本《明代同族的社祭记录之一例——关于〈休宁茗洲吴氏家记·社会记〉》,收入刘淼辑译《徽州社会经济史研究译文集》。

〔日〕中山八郎:开中法と占窝,池内博士还暦记念东洋史论丛刊行会编《池内博士还暦记念东洋史论丛》,东京:座右宝刊行会,1940年。中译文《开中法和占窝》,收入刘淼辑译《徽州社会经济史研究译文集》。

〔日〕藤井宏:明代塩商の一考察,《史学杂志》第54编第5、6、7号,1943年5月、6月、7月。中译文《明代盐商的一考察——边商、内商、水商的研究》,收入刘淼辑译《徽州社会经济史研究译文集》。

〔日〕佐伯富:《塩と中国社会》,《东亚人文学报》第3卷第1号,1943年。

谭彼岸:巴拉第和王茂荫——关于"资本论中的王茂荫"概考,《学习与生活》第4卷第3期,1943年。

傅衣凌:明代徽商考——中国商业资本集团史初稿之

四、参考书目

一,《福建省研究院研究汇报》二期,1947年6月。后作"明代徽州商人",收入《明清时代商人及商业资本》,人民出版社1956年版。

傅衣凌:伴当小考,福建省研究院社会科学研究所出版《社会科学》第3卷第1—2期,1947年。后收入氏著《明清社会经济史论文集》,人民出版社1982年版;中华书局2008年版。

〔日〕仁井田陞:北京工商ギルドの宗教及同郷的结合,学术研究会议现代中国研究特别委员会编《近代中国研究》,东京,好学社,1948年。

傅衣凌:明季奴变史料拾补,《协大学报》1949年第1期。后收入氏著《明清社会经济史论文集》,人民出版社1982年版;中华书局2008年版。

〔日〕佐伯富:清代における塩业资本について,《东洋史研究》第11卷第1、2号,1950年、1951年。

〔日〕波多野善大:中国官僚の商业高利贷的性格—清末における两淮塩商の二例を中心として—,《东洋史研究》第11卷第3号,1951年。

刘敦桢:皖南歙县发现的古建筑的初步调查,《文物参考资料》1953年第3期。

〔日〕藤井宏:新安商人の研究,原载《东洋学报》第36卷第1号、2号、3号、4号,1953年6月、9月、12月和1954年3月。傅衣凌、黄宗焕译,《安徽历史学报》1958年第2期,后收入《江淮论坛》编辑部编《徽商研究论文集》。

〔美〕Ping-ti Ho(何炳棣), The Salt Merchants of Yang-Chou: A Study of Commercial Capitalism in Eighteenth-Century China, *Harvard Journal of Asiatic Studies*, Vol. 17, No. 1/2, Jun., 1954。巫仁恕中译文《扬州盐商:十八世纪中国商业资本的研究》,《中国社会经济史研究》1999年第2期。

胡兆量:徽州专区经济地理调查报告,《教学与研究》1955年第2期。

〔日〕佐伯富:清代咸豊朝における淮南塩政,《东洋史研究》第13卷第6号,1955年3月。

〔日〕多贺秋五郎:《新安名族志》について,《中央大学文学部纪要》1956第6期,中译文收入刘淼辑译《徽州社会经济史研究译文集》。

〔日〕佐伯富:清代淮南塩販路の争奪について,《史林》第39卷第4号,1956年7月。

刘序功:略谈清初徽州的所谓"奴变",《史学工作通讯》1957年第1期。

曹觉生:解放前武汉的徽商与徽帮,安徽省社会科学研究所历史研究室编《史学工作通讯》1957年第3期。后收入《江淮论坛》编辑部编《徽商研究论文集》。

殷涤非:歙南古建筑调查中的一些认识,《文物参考资料》1957年第2期。

吴雨苍:从两块碑刻看历史上佃农的命运,《文物参考资料》1957年第9期。

胡悦谦:徽州地区的明代建筑,《文物参考资料》1957年第12期。

严敦杰:明清数学史中的两个论题——程大位和梅文鼎,《安徽历史学报》1957年第1期。

〔日〕佐伯富:清代塩の専売制度について,《历史教育》第5卷第11号、第12号,1957年10月。

1958—1976年

张子高:程一师和他所制的墨,《文物参考资料》1958年第12期。

傅衣凌:明清时代徽州婺商资料类辑,《安徽史学通讯》1958年第1期。后收入《江淮论坛》编辑部编《徽商研究论文集》;亦见傅衣凌《明清社会经济史论文集》。

戎克:徽派版画中的复制西洋作品问题,《安徽史学通讯》1958年第4期。

陈野:论徽州商业资本的形成及其特色——试以徽州一地为例来论证明清时代商业资本的作用问题,《安徽史学通讯》1958年第5期。收入南京大学历史系编《中国资本主义萌芽问题讨论集(续编)》(生活·读书·新知三联书店1960年版);又收入《江淮论坛》编辑部编《徽商研究论文集》及陈学文著《徽商与徽学》。

王重民:套版印刷法起源于徽州说,《安徽历史学报》创刊号,1958年。后收入中国图书馆学会学术委员会古籍版本研究组《版本学研究论文集》,书目文献出版社1995年版。

〔日〕山胁悌二郎:清代塩商と長崎貿易の独占,《史学杂志》第67卷第8号,1958年7月。

程梦余:宋七与徽州"奴变",《安徽日报》1958年5月25日。

秦佩珩:徽商考略,《明清社会经济史论稿》,河南人民出版社1959版。

安徽省文史研究馆自然灾害资料搜集组:安徽地区水灾历史记载的初步整理,《安徽史学通讯》1959年4月5日。

冀叔英:谈谈版刻中的刻工问题,《文物》1959年第3期。

傅衣凌:明代徽州庄仆文约辑存——明代徽州庄仆制度之侧面的研究,《文物参考资料》1960年第2期。载氏著《明清农村社会经济》,生活·读书·新知三联书店1961年版;中华书局2007年版。

傅衣凌:明清之际的"奴变"和佃农解放运动——以长江中下游地区为中心的一个研究,载氏著《明清农村社会经济》,生活·读书·新知三联书店1961年版;中华书局2007年版。

韩明祥:安徽省博物馆购到两张万历年卖身契,《文物》1961年第7期。

翟光耀:关于王茂荫的调查研究,《新民晚报》1961年7月23日。

芜湖市工商业联合会:芜湖胡开文墨店的历史调查,《光明日报》1962年4月9日。

杨德泉:清代前期两淮盐商资料初辑,《江海学刊》1962年第11期,后收入《江淮论坛》编辑部编《徽商研究论文集》。

杨德泉:清代前期的两淮盐店,《扬州师范学院学报》第16期,1962年。

〔日〕仁井田陞:明末徽州の庄僕制—とくにその勞役婚について—,和田博士古稀记念东洋史论丛编纂委员会编《东洋史论丛:和田博士古稀记念》,东京:讲谈社,1961年。又收于氏著《中国法制史研究·奴隶农奴法·家族村落法》,东京,东京大学出版会,1962年9月10日。

〔日〕藤井宏:"占窝"の意義及び起原,清水博士追悼记念明代史论丛编纂委员会编《明代史论丛:清水博士追悼记念》,东京:大安株式会社,1962年。中译文《"占窝"的意义及其起源》,收入刘淼辑译《徽州社会经济史研究译文集》。

李文治:论清代前期的土地占有关系,《历史研究》1963年第5期。

魏金玉:明清时代佃农的农奴地位,《历史研究》1963年第5期。

陆凤台:明清时期安徽的雕版印刷工艺,《江淮学刊》1963年第1期。

苏诚鉴:从一批租佃契约看鸦片战争前徽州地区封建地租剥削,《安徽日报》1963年2月9日。

〔日〕相浦知男:端溪硯の子石と歙州硯の卵石について,《福冈教育大学纪要》第5分册"芸术·保健体育·家政·技术科编"第16号,1966年。

〔日〕佐伯富:清代における塩務の疑獄について,《东方学》第32辑,1966年。

〔日〕重田德:清代徽州商人の一面,《人文研究》第18卷第2号,1968年3月,又收于氏著《清代社会经济史研究》,东京,岩波书店,1975年。中译文《徽州商人之一面》,收入刘淼辑译《徽州社会经济史研究译文集》。

〔日〕寺田隆信:明清时代の商業書について,《集刊东洋学》第20号,1969年10月20日。后收入中译本《山西商人研究》(张正明、道丰、孙耀、阎守诚译)第6章,山西人民出版社1986年版。

徐泓:清代两淮的场商,《史源》创刊号,1970年7月。

方豪:明万历年间之各种价格——战乱中所得资料简略整理报告之一,《食货月刊》复刊第1卷第3期,1971年6月。

方豪:明万历年间富家产业抄存——战乱中所得资料简略整理报告之二,《食货月刊》复刊第1卷第5期,1971年8月。

方豪:乾隆五十五年自休宁至北京旅行用帐——战乱中所得资料简略整理报告之三,《食货月刊》复刊第1卷第7期,1971年10月。后收入《方豪六十至六十四自选待定稿》,台湾学生书局1974年版。

方豪:光绪元年休宁万安某家入泮贺礼——战乱中所得资料简略整理报告之四,《食货月刊》复刊第1卷第9期,1971年12月。

方豪:康熙时重新祠楼之文献——战乱中所得资料简略整理报告之五,《食货月刊》复刊第1卷第11期,1972年2月。后收入《方豪六十至六十四自选待定稿》,台湾学生书局

1974年版。

方豪:乾隆十一年至十八年杂帐及嫁装帐——战乱中所得资料简略整理报告之六,《食货月刊》复刊第2卷第1期,1972年4月。

方豪:明代各朝契据四十二件抄存——战乱中所得资料简略整理报告之七,《食货月刊》复刊第2卷第3期,1972年6月。

方豪:光绪元年自休城至金陵乡试账——战乱中所得资料简略整理报告之八,《食货月刊》复刊第2卷第5期,1972年8月。

方豪:乾隆二十六年等赴六合事录——战乱中所得资料简略整理报告之九,《食货月刊》复刊第2卷第7期,1972年10月。后收入《方豪六十至六十四自选待定稿》,台湾学生书局1974年版。

〔日〕森田明:《商賈便覽》について—清代の商品流通に関する覚書—,《福冈大学研究所报》第16号,1972年8月。

〔日〕斯波义信:宋代徽州の地域开発,山本博士还曆记念东洋史论丛编纂委员会编《东洋史论丛:山本博士还曆记念》,东京,山川出版社1972年版,中译本收入刘淼辑译《徽州社会经济史研究译文集》。

方豪:道光咸丰光绪大婚事记——战乱中所得资料简略整理报告之十,《食货月刊》复刊第2卷第11期,1973年2月。后收入《方豪六十至六十四自选待定稿》,台湾学生书局1974年版。

方豪:乾隆二十二年汪朱氏丧事账——战乱中所得资料简略整理报告之十一,《食货月刊》复刊第3卷第1期,1973年4月。

黄宽重:程珌年谱,《史原》第5卷,1974年。

傅衣凌:明末南方的"佃变"、"奴变",《历史研究》1975年第5期。

钱存训:齐可德《十竹斋画谱》复制本评介,《亚洲研究学报》(*Journal of Asiatic Studies*)第34卷第2期,1975年2月。后收入氏著《中国古代书籍纸墨及印刷术》,北京图书馆出版社2002年版。

刘敦桢著,田中淡、泽谷昭次译:《歙县西溪南郷・黄卓甫氏の家》,《中国の住宅》,SD选书第107种,东京,鹿岛出版会,1976年。

〔美〕居蜜:十九、二十世纪中国地主制溯源,《沈刚伯先生八秩荣庆论文集》,台北,联经出版事业公司1976年版。

1977年

章有义:从吴葆和堂庄仆条规看清代徽州庄仆制度,《文物》1977年第11期

1978年

章有义:清代皖南休宁奴婢文约辑存,《文物资料丛刊》1978年第2期。

冯尔康:试论清中叶皖南富裕棚民经营方式,《南开学报》1978年第2期。

崔思棣:徽州地区经济开发史要,《安徽大学学报》1978年第4期。

叶显恩:从祁门善和里程氏家乘谱牒所见的徽州佃仆制度,《学术研究》1978年第4期。

〔日〕松浦章:乾隆時代の長崎來航中国商人—汪繩武·汪竹里·程赤城を中心に—,《咿啞》第10号,1978年6月30日。

1979年

叶显恩:明清徽州佃仆制试探,《中山大学学报》1979年第2期。

〔日〕斯波义信:《新刻客商一覽醒迷天下水陸路程》について,森三树三郎博士颂寿记念事业会编《东洋学论集:森三树三郎博士颂寿记念》,京都,朋友书店,1979年12月。

〔日〕松浦章:長崎貿易における在唐荷主について—乾隆〜咸豊期の日清貿易の官商·民商—,《社会経済史学》第45卷第1号,1979年6月。

1980年

傅衣凌:明代前期徽州土地买卖契约中的通货,《社会科学战线》1980年第3期,后收入氏著《明清社会经济史论文集》,人民出版社1982年版;中华书局2008年版。

薛宗正:明代盐商的历史演变,《中国史研究》1980年第2期。后收入《江淮论坛》编辑部《徽商研究论文集》。

叶显恩:试论徽州商人资本的形成与发展,《中国史研究》1980年第3期。后收入《江淮论坛》编辑部编《徽商研究论文集》。

刘重日、武新立:研究封建社会的宝贵资料明清抄本《租底簿》两种,《文献》1980年第3期。

吴大质、周继生:安徽省博物馆发现一批珍贵稿本,《光明日报》1980年8月6日。

傅同钦、马子庄:清代安徽地区庄仆文约简介,《南开学报》1980年第1期。

蒋元卿:徽州黄姓刻工考略,《江淮论坛》1980年第4期。

彭超:谈"义男"——安徽省博物馆藏明清徽州地区契约介绍之一,《安徽文博》1980年第1期。

吴兴汉:徽州地区明清建筑的形成及其类型,《安徽文博》1980年第1期。

〔日〕水野正明:《新安原板士商類要》について,《东方学》第60辑,1980年7月。

1981年

叶显恩:关于徽州的佃仆制,《中国社会科学》1981年第1期。

刘和惠:读稿本《畏斋日记》,《中国史研究》1981年第1期。

王思治、金成基:清代前期两淮盐商的盛衰,《中国史研究》1981年第2期。后收入《江淮论坛》编辑部编《徽商研究论文集》。

章有义:太平天国革命失败后江南农村租佃关系的一个缩影——皖南黟县佚名地主租簿剖析,《中国社会科学院经济研究所集刊》第 2 集,中国社会科学出版社 1981 年版。

魏金玉:明代皖南的佃仆,《中国社会科学院经济研究所集刊》第 3 集,中国社会科学出版社 1981 年版。

刘重日:从部分徽档中看明代的徽州奴仆及其斗争,《中国农民战争史论丛》第 3 辑,河南人民出版社 1981 年版。

傅同钦:明代安徽文约拾零,《南开史学》1981 年第 2 期。

刘重日、曹贵林:徽州庄仆制及其研究,《中国史研究论丛》第 2 辑,福建人民出版社 1981 年版。又载中国社会科学院历史研究所明史研究室编《明史研究论丛》第 1 辑,江苏人民出版社 1982 年版。

1982 年

刘重日:火佃新探,《历史研究》1982 年第 2 期。后收入氏著《濒阳集》,黄山书社 2003 年版。

萧国亮:清代两淮盐商的奢侈性消费及其经济影响,《历史研究》1982 年第 4 期。后收入《江淮论坛》编辑部编《徽商研究论文集》。

刘和惠:徽商始于何时,《历史研究》1982 年第 4 期。后收入《江淮论坛》编辑部编《徽商研究论文集》。

刘和惠:明代徽商程锁家世考述,《历史研究》1982 年第 5 期。

薛宗正:明代徽商及其商业经营,《社会科学》编辑部编

《中国古史论集》，吉林人民出版社1982年版。后收入《江淮论坛》编辑部编《徽商研究论文集》。

李则纲：徽商述略，《江淮论坛》1982年第1期。后收入《江淮论坛》编辑部编《徽商研究论文集》。

刘尚恒：安徽方志概述，《江淮论坛》1982年第1期。

郑力民：徽商与开中制，《江淮论坛》1982年第2期。后收入《江淮论坛》编辑部编《徽商研究论文集》。

刘文智：清代前期的扬州徽商，《江淮论坛》1982年第3期。后收入《江淮论坛》编辑部编《徽商研究论文集》。

叶显恩：徽商的衰落及其历史作用，《江淮论坛》1982年第3期。后收入《江淮论坛》编辑部编《徽商研究论文集》。

刘淼：从徽州明清建筑看徽商利润的转移，《江淮论坛》1982年第6期。后收入《江淮论坛》编辑部编《徽商研究论文集》。

朱宗宙、张棨：清代道光年间两淮盐业中的改纲为票，《扬州师院学报》1982年第3、4期合刊。后收入《江淮论坛》编辑部编《徽商研究论文集》。

杨正泰：现存最早的商旅交通指南，《历史地理》第2辑，上海人民出版社1982年版。

刘重日、曹贵林：明代徽州庄仆制研究，中国社会科学院历史研究所明史研究室编《明史研究论丛》第1辑，江苏人民出版社1982年版。后收入刘重日著《濒阳集》，黄山书社2003年版。

戴不凡：浙江家乡戏曲活动漫忆，载《戴不凡戏曲研究论文集》,浙江人民出版社 1982 年版。

〔美〕居蜜著,叶显恩译:1600—1800 年皖南的土地占有制与宗法制度,《中国社会经济史研究》1982 年第 2 期。后收入刘淼辑译《徽州社会经济史研究译文集》。

〔荷〕宋汉理:《新安大族志》与中国士绅阶层的发展(800—1600),《中国社会经济史研究》1982 年第 3 期、1983 年第 2 期。后收入《江淮论坛》编辑部编《徽商研究论文集》。

〔日〕平田昌司:休宁音系简介,《方言》1982 年第 4 期。

〔日〕金井德幸:宋代の村社と宗族—休寧県と白水県における二例—,酒井忠夫先生古稀祝賀記念の会编《歷史における民衆と文化:酒井忠夫先生古稀祝賀記念論集》,东京,国书刊行会,1982 年版。

1983 年

刘和惠、张爱琴:明代徽州田契研究,《历史研究》1983 年第 5 期。

章有义:清代鸦片战争前徽州地区土地制度——休宁朱氏置产簿剖析,《中国社会科学院经济研究所集刊》第 4 集,中国社会科学出版社 1983 版。

章有义:十七世纪前期徽州租佃关系的一个微观研究——歙县胡姓《怀忻公租簿》剖析,《中国社会科学院经济研究所集刊》第 5 集,中国社会科学出版社 1983 版。

张国标:詹景凤和他的草书《千字文》,《文物》1983 年第 9 期。

刘淼:徽商鲍志道及其家世考述,《江淮论坛》1983 年第

3期。后收入《江淮论坛》编辑部编《徽商研究论文集》。

方任飞:也谈"徽州"名称的由来,《江淮论坛》1983年第5期。

叶显恩:徽商利润的封建化与资本主义萌芽,《中山大学学报》1983年第1期。后收入《江淮论坛》编辑部编《徽商研究论文集》。

朱建明:清代徽班史料的重大发现——记《乾隆三十九年春台班戏目》,《黄梅戏艺术》1983年第1期。

刘淼:徽州明代建筑斗拱,《安徽文博》1983年第3期。

翟屯建:徽州方志发展史概说,《徽州师专学报》1983年第1期。

彭超:休宁《程氏置产簿》剖析,《中国社会经济史研究》1983年第4期。

阮明道:关于明代的几件地契,《南充师院学报》1983年第1期。

1984年

彭超:试探庄仆、佃仆和火佃的区别,《中国史研究》1984年第1期。

张海鹏、唐力行:论徽商"贾而好儒"的特色,《中国史研究》1984年第4期。

胡艺:胡曰从生平考,《文史》第18辑,中华书局1984年版。

张国标:试谈新安画家程邃及其"山水画册页",《美术》1984年第3期。

刘和惠:明代徽州佃仆制考察,《安徽史学》1984年第1期。

刘和惠:明代徽州胡氏佃仆文约,《安徽史学》1984年第2期。

王廷元:论明清时期的徽商与芜湖,《安徽史学》1984年第4期。

刘和惠:清代徽州田面权考察——兼论田面权的性质,《安徽史学》1984年第5期。

惠东:明清时期徽州的亩制和租量,《安徽史学》1984年第6期。

刘和惠:元代徽州地契,《南京大学学报专辑·元史及北方民族史研究集刊》1984年第5期。

陈传席:略论渐江和新安画派,《美术》1984年第4期。

〔日〕松浦章:清代徽州商人と海上貿易,《史泉》第60号,1984年8月。中译文《清代徽州商人与海上贸易》,收入刘淼辑译《徽州社会经济史研究译文集》。

〔日〕小山正明:文書史料からみた明·清時代徽州府下の奴婢·庄僕制,西嶋定生博士還暦記念論叢編集委員会編《西嶋定生博士還暦記念:東アジア史における國家と農民》,东京,山川出版社,1984年11月。

〔日〕冈野昌子:叶显恩著《明清徽州农村社会与佃仆制》,《东洋史研究》第43卷第3号,1984年12月。中译文收入刘淼辑译《徽州社会经济史研究译文集》。

1985 年

汪宗义、刘宣辑录:清初京师商号会票,《文献》1985 年第 2 期。

叶显恩:徽州学在海外,《江淮论坛》1985 年第 1 期。

徐子超:也谈"胡开文"的创业与创名,《江淮论坛》1985 年第 3 期。

陈忠平:明清徽商在江南市镇的活动,《江淮论坛》1985 年第 5 期。

唐力行:胡适之父铁花先生评传,《安徽史学》1985 年第 1 期。

刘慧珍:明代徽州田契选录,《安徽史学》1985 年第 1、2 期。

刘和惠:明季徽州市民暴动与黄山大狱案,《安徽史学》1985 年第 2 期。

吴仁安、唐力行:明清徽州茶商述论,《安徽史学》1985 年第 3 期。

彭超:论徽州永佃权和"一田二主",《安徽史学》1985 年第 4 期。

刘和惠:明代徽州佃仆制补论,《安徽史学》1985 年第 6 期。

方家瑜:徽州历史上的棚民,《徽州社会科学》1985 年第 1 期。

彭超:歙县唐模村许荫祠文书研究,《中国社会经济史研究》1985 年第 2 期。

刘尚恒:徽州府方志述略,载氏编《安徽方志考略》,吉林省地方志编纂委员会、吉林省图书馆学会,1985年版,第31—42页。

陈其南、邱淑如:方志氏族志体例的演变与中国宗族发展的研究,《汉学研究》第3卷第2期,1985年。

〔日〕川井悟:日中戦争前中国安徽省における茶統制政策——祁紅運銷委員会設立案の分析——,《経済論叢》第136卷第4号"大野英二教授退官記念号",1985年10月。

〔美〕居蜜:安徽方志、谱牒及其它地方资料的研究,《汉学研究》3卷2期,1985年。

〔美〕居蜜:明清徽州地区租佃文书介绍,《汉学研究通讯》4卷1期,1985年。

〔美〕Joseph P. McDermott(周绍明),The Huichou Sources—A Key to the Social and Economic History of Late Imperial China,《アジア文化研究》15,1985年。卞利中译文载《徽学通讯》1991年第10期。

1986年

严佐之:论明代徽州刻书,《社会科学战线》1986年第3期。

唐力行:论徽商与封建宗族势力,《历史研究》1986年第2期。

张海鹏:从《汪氏阄书》看徽商资本的出路,《光明日报》1986年4月23日。

郑张尚芳:皖南方言的分区(稿),《方言》1986年第

1期。

张国标:清汪由敦小楷书《孝经》卷,《文物》1986年第4期。

陈忠平:明清时期江南市镇的布号与布庄,《江淮论坛》1986年第5期。

王廷元:徽州典商述论,《安徽史学》1986年第1期。

〔美〕基恩·海泽顿:明清徽州的大家族与社会流动性,《安徽师范大学学报》1986年第1期。

王世华:论徽商的抗倭斗争,《安徽师范大学学报》1986年第1期。

〔美〕贺杰:明清徽州的宗族与社会流动性,《安徽师范大学学报》1986年第1期。后收入刘淼辑译《徽州社会经济史研究译文集》。

洪偶:明以前徽州外来居民研究,徽州地区徽学研究会《徽学》第1期,1986年版。

刘淼:略论明代徽州的土地占有形态,《中国社会经济史研究》1986年第2期。

刘和惠:明代徽州洪氏誊契簿研究,《中国社会经济史研究》1986年第3期。

章有义:徽州江姓《新置田产各据正簿》辑要,《中国社会经济史研究》1986年第4期。

刘石吉:一九二四年上海徽帮墨匠罢工风潮——近代中国城市手艺工人集体行动之分析,原载台湾中研院近代史所《近代中国区域史研讨会论文集》,1986年。又载《江淮论坛》1989年第1、2期;后收入邢义田、林丽月主编《社会变迁》,"台湾学者中国史研究论丛"第5辑,中国大百科全书出版社2005年版。

刘序枫:清日贸易の洋銅商について—乾隆～咸豊期の官商・民商を中心に—,《九州大学东洋史论集》第15号,1986年12月。

〔日〕滝野正二郎:清代乾隆年間における官僚と塩商—両淮塩引案を中心として—(一),《九州大学东洋史论集》第15号,1986年12月。

1987年

周绍泉:田宅交易中的契尾试探,《中国史研究》1987年第1期。

张雪慧:徽州历史上的林木经营初探,《中国史研究》1987年第1期。

陈柯云:明清徽州地区山林经营中的"力分"问题,《中国史研究》1987第1期。

章有义:近代徽州租佃关系的一个案例研究——歙县汪光裕会租簿剖析,《中国经济史研究》1987年第2期。

陈柯云:徽州文书契约研究概观,《中国史研究动态》1987年第5期。

黄鉴晖:清初商用会票与商品经济的发展,《文献》1987年第1期。

王澍:皖南村镇巷道的内结构解析,《建筑师》第28期、中国建筑工业出版社1987年版。

〔日〕佐伯富:运商的没落和盐政的弊坏(附:总商和散商、窝商和引窝的独占),刘淼辑译《徽州社会经济史研究译文集》。

〔美〕居蜜:明清时期徽州的宗法制度与土地占有制——兼评叶显恩《明清徽州农村社会与佃仆制》,刘淼辑译《徽州社会经济史研究译文集》。

曹国庆:明清时期景德镇的徽州瓷商,《江淮论坛》1987年第2期。

彭超:论明清时期徽州地区的土地典当,《安徽史学》1987年第3期。

刘淼:清代前期徽州盐商和扬州城市经济的发展,《安徽史学》1987年第3期。

唐力行:胡铁花年谱述略,《安徽史学》1987年第4期。

宫为之:"徽学"之由来,《安徽大学学报》1987年第2期。

刘淼:明清时期徽州民田买卖制度,《阜阳师范学院学报》1987年第1期。

彭超:试论"义田"与"义仓"——兼析祁门奇峰《郑氏义仓收租簿》,《徽州社会科学》1987年第1期。

李文治:论徽州府地租由分成制向定额制的过渡及剥削率的增长——关于康熙朝休宁县吴荪园祀产典型事例分析,《徽州社会科学》1987年第1期。

陈学文:徽商与明清时期嘉定县经济的发展——徽商参与江南城乡商品经济发展的新趋势,《徽州社会科学》1987

年第 2 期。

章有义:关于明清时代徽州火佃性质问题赘言,《徽州社会科学》1987 年第 4 期。

王贵忱:胡正言所刻书简述,载南京十竹斋艺术研究部编印《十竹斋研究文集》,1987 年版。

杨正泰:略论明清时期商编路程图,《历史地理》第 5 辑,上海人民出版社 1987 年版。

〔日〕新藤武弘:《在日本的黄山画派作品及其研究》,载《论黄山诸画派文集》,上海人民美术出版社 1987 年版;又见《朵云》编辑部选编《中国绘画研究》,上海书画出版社 1992 年版。

王廷元:略论徽州商人与吴楚贸易,《中国社会经济史研究》1987 年第 4 期。

栾成显:明初地主制经济之一考察——兼叙明初的户帖与黄册制度,《东洋学报》68 卷 1、2 号,1987 版。

〔日〕福宿孝夫、刘序枫:长崎市稻佐山の悟真寺・国际墓地唐人における古碑类及び相关资料の解读,《长崎华侨研究会年报》第 3 辑《长崎华侨史稿(史・资料篇)》,1987 年 3 月 15 日。

〔日〕松浦章:徽州商人の歷史・経営史:《徽商研究論文集》,《东方》第 75 号,1987 年 3 月。

〔日〕川井悟:日中戦争前、中国安徽省における紅茶生産合作社育成政策の展開,《福山大学经济学论集》第 12 卷第 1・2 号,1987 年 12 月。

1988 年

栾成显:龙凤时期朱元璋经理鱼鳞卷考析,《中国史研究》1988年第4期。

章有义:近代徽州租佃关系案例研究,《中国经济史研究》1988年第1期。

钱存训:中国墨的制作与欣赏,《故宫学术季刊》第5卷第4期,1988年。收入氏著《中国古代书籍纸墨及印刷术》,北京图书馆出版社2002年版。

韩大成:明代徽商在交通与商业史上的重要贡献,《史学月刊》1988年第4期。

郑振满:茔山、墓田与徽商宗族组织——《歙西溪南吴氏先茔志》管窥,《安徽史学》1988年第1期。

殷永达:黟县西递村明清家具,《文物研究》第4辑,黄山书社1988年版。

刘淼:徽州明代建筑彩画,《文物研究》第4辑,黄山书社1988年版。

李琳琦:论徽商资本流向土地的特点及其规律,《安徽师范大学学报》1988年第4期。

孙承平:徽州域界的形成及变迁,《徽州师专学报》1988年第2期。

陈传席:清代中国画坛三大重镇及其形成,《东南文化》1988年第2期。

刘秀生:清代闽浙赣皖棚民经济,《中国社会经济史研究》1988年第1期。

彭超:明清时期徽州地区的土地价格与地租,《中国社会经济史研究》1988年第2期。

〔日〕鶴見尚弘:明代永楽年間、戸籍関係残簡について—中国歴史博物館蔵の徽州文書—,《榎博士頌寿記念東洋史論叢》編纂委員会編《东洋史论丛:榎博士颂寿记念》,东京,汲古书院,1988年11月。中译文《关于明代永乐年间的户籍残篇——中国历史博物馆藏徽州文书》,《中国明清社会经济研究》,学苑出版社1989年版。

T'ien Ju-k'ang(田汝康), *Male Anxiety and Female Chastity*: *A Comparative Study of Chinese Ethical Values in Ming-Ch'ing Times*, Leiden: E.J, Brill, 1988.

1989年

汪士信:乾隆时期徽商在两淮盐业经营中应得、实得利润与流向试析,《中国经济史研究》1989年第3期。

张雪慧:土地典卖税契制度考略,《平准学刊》第4辑上册,中国商业出版社1989版。

陈柯云:明清山林苗木经济初探,《平准学刊》第4辑上册,中国商业出版社1989版。

刘淼:明清间徽州房地产交易,《平准学刊》第5辑上册,光明日报出版社1989年版。

赵日新:安徽绩溪方言音系特点,《方言》1989年第2期。

翟屯建:明清时期的徽州刻书,《图书馆学通讯》1989年第1期。

徐子超:徽墨印版雕刻评介,《江淮论坛》1989年第3期。

唐力行:阮弼传评,《安徽史学》1989年第1期。

刘和惠:明代徽州农村社会契约初探,《安徽史学》1989年第2期。

聂德宁:试论明代中叶徽州海商的兴衰,《安徽史学》1989年第3期。

刘淼:清代徽州歙县棠樾鲍氏祠产土地关系,《学术界》1989年第3期。

刘淼:徽州民间田地房产典当契研究,《文物研究》第5辑,黄山书社1989版。

唐力行:徽商心理研究,《安徽师范大学学报》1989年第1期。

李琳琦:徽商资本流向家乡土地述论,《徽州社会科学》1989年第2期。

翟屯建:宋元时期徽州刻书述略,《徽州社会科学》1989年第4期。

朱宗宙:清代乾隆年间两淮盐引案,《扬州师院学报》1989年第1期。

朱宗宙:乾隆南巡与扬州,《扬州师院学报》1989年第4期。

唐力行、〔美〕凯瑟·海泽顿:明清徽州地理、人口探微,《中国社会经济史研究》1989年第1期。

范金民:明清时期活跃于苏州的外地商人,《中国社会经济史研究》1989年第4期。

栾成显:关于朱元璋攒造的龙凤时期的鱼鳞卷,《东洋学报》70期1、2号,1989年。

刘重日:徽州文书の收藏・整理と研究の现状について,姜镇庆译,《东洋学报》第70卷第3、4号,1989年3月。

〔日〕草野靖:徽州地主江崇芸堂の置產簿に見える底面歸併の趨勢と租田の收回分種,氏著《中国の近世寄生地主制—田面慣行—》,东京,汲古书院,1989年2月20日。

〔日〕小林宏光:安徽派の絵画:画派の成立まで,《実践女子大学美学美术史学》第4号"松原三郎教授退职记念号",1989年3月。

〔日〕铃木博之:明代徽州府の族產と户名,《东洋学报》第71卷第1、2号,1989年12月。

1990年

栾成显:明初地主积累兼并土地途径初探——以谢能静户为例,《中国史研究》1990年第3期。

陈柯云:略论明清徽州的乡约,《中国史研究》1990年第4期。

唐力行:论明代徽州海商与中国资本主义萌芽,《中国经济史研究》1990年第3期。

周绍泉:试论明代徽州土地买卖的发展趋势——兼论徽商与徽州土地买卖的关系,《中国经济史研究》1990年第4期。又刊日本《明代史研究》第18号,1990年。

陈学文:明清徽商在杭州的活动,《江淮论坛》1990年第

1期。

洪璞:明清徽商与科学技术的发展,《安徽师范大学学报》1990年第4期。

范金民:明清时期徽商在江南的活动,黄山市徽州学研究会编《徽学》第2期"徽学研究专辑",1990年。后载中国商业史学会编《货殖》第2辑,中国财政经济出版社1996年版;收入氏著《国计民生——明清社会经济研究》,福建人民出版社2008年版。

郑力民:徽商与嘉靖海乱——兼与戴裔煊先生商榷嘉靖海乱性质,《徽州社会科学》1990年第4期。

潘天祯:明清之际南京的彩色套印版画集,原载《江苏出版史志》1990年第1期,后收入《潘天祯文集》,北京图书馆出版社、上海科学技术文献出版社2002年版。

杨正泰:明代国内交通路线初探,《历史地理》第7辑,上海人民出版社1990年版。

张雪慧:明清徽州地区的土地买卖及相关问题,中国社会科学院历史研究所经济史研究组编《中国古代社会经济史诸问题》,福建人民出版社1990年版。

(台)黄一农:杨光先家世与生平考,《国立编译馆馆刊》第19卷第2期,1990年。

(台)黄一农:杨光先著述论略,《书目季刊》第23卷第4期,1990年。

〔日〕铃木博之:清代における族产の展开—歙县の許蔭祠をめぐって—,《山形大学史学论集》第10号,1990年

2月。

〔日〕铃木博之:明代徽州府の郷約について,明代史研究会明代史论丛编集委员会编《山根幸夫教授退休記念明代史论丛》下册,东京,汲古书院,1990年3月。

〔日〕田仲一成:明代江南における宗族の演劇統制について—新安商人と目連戯—,明代史研究会明代史论丛编集委员会编《山根幸夫教授退休記念明代史论丛》下册,东京,汲古书院,1990年3月。

〔日〕渋谷裕子:明清時代、徽州江南農村社会における祭祀組織について—〈祝聖会簿〉の紹介—,《史学》第59卷第1、2、3号,1990年3月、7月。

1991年

唐力行:明清徽州的家庭与宗族结构,《历史研究》1991年第1期。

郑力民:明清徽州土地典当蠡测,《中国史研究》1991年第3期。

刘淼:清代徽州祠产土地关系——以徽州歙县棠樾鲍氏、唐模许氏为中心,《中国经济史研究》1991年第1期。

王毓铨:明朝田地赤契与赋役黄册,《中国经济史研究》1991年第1期。

周绍泉:明清徽州祁门善和程氏仁山门族产研究,《谱牒学研究》第2辑,文化艺术出版社1991年版。

唐力行:论徽商的形成及其价值观的变革,《江淮论坛》1991年第2期。

周绍泉:《窦山公家议》及其研究价值,《江淮论坛》1991年第6期。

洪璞:明清徽州科技发展述评,《安徽史学》1991年第2期。

卞利:明清时期徽州地区堪舆风行及其对社会经济的影响,《安徽大学学报》1991年第3期。

魏金玉:介绍一商业书抄本,《安徽师范大学学报》1991年第1期。

王世华:"左儒右贾"辨——明清徽州社会风尚的考察,《安徽师范大学学报》1991年第1期。

唐力行:明清徽州木商考,《学术界》1991年第2期。

彭超:再谈火佃,《明史研究》第1辑,黄山书社1991年版。

栾成显:弘治九年抄录鱼鳞归户号簿考,《明史研究》第1辑,黄山书社1991年版。

王廷元:明清徽商与江南棉织业,《安徽师范大学学报》1991年第1期。

王珍:徽州木商述略,《徽州社会科学》1991年第2期。

张雪慧:论明清徽商与西南民族地区社会经济关系,《徽州社会科学》1991年第3期。

赵华富:论明清徽州社会的繁荣,《东南文化》1991年第2期。

吴仁安:论明清时期上海地区的徽州商人,《上海研究论丛》1991年第4期。

谢国兴:政府角色:1930年代的祁门红茶产销问题,中研院近代史研究所编《中国现代化论文集》,中研院近代史研究所,1991年。

〔日〕寺田隆信:关于北京歙县会馆,《中国社会经济史研究》1991年第1期。

〔日〕山根幸夫:《明清徽州社会经济资料丛编》第2辑/中国社会科学院历史研究所·徽州文契整理组编(1990),《东洋学报》第72卷第3、4号,1991年3月。

〔日〕富平美波:明末の文字学者吴元满の著作と周辺の人々—(万暦)《歙志》の吴元满伝から—,《山口大学文学会志》第42号,1991年12月。

张冠增:徽州商人の興起と親族組織—歙縣吴氏一族の事例分析—,《比较都市史研究》第10卷第2号,1991年12月。

〔日〕臼井佐知子:徽州商人とそのネットワーク,《中国——社会と文化》第6号,1991年。中译文《徽商及其网络》,载《安徽史学》1991年第4期。

1992年

唐力行:论商人妇与明清徽州社会,《社会学研究》1992年第4期。

殷永达:休宁县下文溪明代双塔结构分析,《文物》1992年第2期。

孔繁敏:明代赋役供单与黄册残件辑考(上),《文献》1992年第4期。

陈柯云：从《李氏山林置产簿》看明清徽州山林经营，《江淮论坛》1992年第1期。

陈其南：明清徽州商人的职业观与家族主义，《江淮论坛》1992年第2期。

李国庆：徽州仇姓刻工刻书考录，《江淮论坛》1992年第5期。

徐子超：胡开文墨业系年要录，《江淮论坛》1992年第6期。

唐力行：论徽州商人文化的内涵、特征及其历史地位，《安徽史学》1992年第3期。

周绍泉：明清徽州亩产量蠡测，《明史研究》第2辑，1992年。

徐学林：明清时期的徽州刻书业，《安徽师范大学学报》1992年第2期。

周绍泉：徽州文书的分类，《徽州社会科学》1992年第2期。

秦效成：汤显祖与徽州诸贤交游琐议，《徽州社会科学》1992年第3期。

王振忠：清代两淮盐业盛衰与苏北区域之变迁，《盐业史研究》1992年第4期。

聂德宁：明代隆、万年间的海寇商人，《厦门大学学报》1992年第2期。

周绍泉：徽州文书的由来·收藏·整理，日本《明代史研究》第20号，1992年。

〔日〕松村茂树:渐江と徽派版画の関系について,《大妻女子大学纪要·文系》第24号,1992年3月。

〔日〕铃木博之:清代徽州府の宗族と村落—歙县の江村—,《史学杂志》第101卷第4号,1992年4月20日。

〔日〕竹之内裕章:歙州石の発见と歷史的经纬,《佐贺大国文》第21号,1992年11月。

1993年

郭世荣:论《算法统宗》的资料来源,李迪主编《数学史研究文集》第4辑,内蒙古大学出版社、九章出版社1993年版。

李培棠:程大位《算法统宗》中的"笔算",李迪主编《数学史研究文集》第4辑。

江太新、苏金玉:论清代徽州地区的亩产,《中国经济史研究》1993年第3期。

中国第一历史档案馆编:嘉庆朝安徽浙江棚民史实,《历史档案》1993年第1期。

宋元强:徽商与清代状元,《中国社会科学院研究生院学报》1993年第3期。

孔繁敏:明代赋役供单与黄册残件辑考(下),《文献》1993年第1期。

赵华富:歙县棠樾鲍氏宗族个案报告,《江淮论坛》1993年第2期。

王振忠:徽商与两淮盐务"月折"制度初探,《江淮论坛》1993年第4期。

李琳琦:明清徽州粮商述论,《江淮论坛》1993年第

4期。

卞利:明清徽州民俗健讼初探,《江淮论坛》1993年第5期。

卞利:明中叶以来徽州争讼和民俗健讼问题探论,《明史研究》第3辑,黄山书社1993年版。

王廷元:徽商与上海,《安徽史学》1993年第1期。

唐力行:论徽州商人文化的整合,《安徽史学》1993年第1期。

郑力民:《新安大族志》考辨——兼谈《实录新安世家》,《安徽史学》1993年第3期。

刘淼:清代祁门善和里程氏家族的"会"组织,《文物研究》第8辑,黄山书社1993年版。

方光禄:歙县方氏考,《徽州社会科学》1993年第1期。

陈柯云:明清徽州的修谱建祠活动,《徽州社会科学》1993年第4期。

王振忠:明清时期徽商社会形象的文化透视,《复旦学报》1993年第6期。

〔美〕何炳棣著,王振忠译,陈绛校:科举和社会流动的地域差异,《历史地理》第11辑,上海人民出版社1993年版。

王廷元:论明清时期的徽州牙商,《中国社会经济史研究》1993年第2期。

(台)黄一农:新发现的杨光先《不得已》一书康熙间刻本,《书目季刊》第27卷第2期,1993年。

(台)黄宽重:《四库采进书目》的补遗问题:以淮商马裕

呈送书目为例,载黄宽重《宋史丛论》,台湾,新文丰出版公司1993年版。

(台)林皎宏:晚明黄山旅游的兴起,《史原》第19期,1993年10月。

周绍泉撰,岸本美绪译:徽州文书の分類,《史潮》第32号,1993年3月。

〔日〕寺田隆信:关于雍正帝的除豁贱民令,载刘俊文主编《日本学者研究中国论著选译》第6卷"明清",中华书局1993年版。

〔日〕大竹茂雄撰,那日苏译:《算法统宗》之传入日本,李迪主编《数学史研究文集》第4辑。

〔日〕岸本美绪:明清契约文书,滋贺秀三主编《中国法制史——基本资料的研究》,东京大学出版社1993年版。中译文见王亚新、梁治平编《明清时期的民事审判与民间契约》,法律出版社1998年版。

〔日〕鹤见尚弘:中国歷史博物館藏万暦九年丈量の徽州府魚鱗冊一種,明清時代の法と社会編集委員会編《明清時代の法と社会:和田博徳教授古稀記念》,东京,汲古书院,1993年3月。

〔日〕臼井佐知子:徽州文書と徽学研究,《史潮》第32号,1993年3月。又收于森正夫、野口铁郎、滨岛敦俊、岸本美绪、佐竹靖彦编集《明清時代史の基本問題》,"中国史学の基本问题"4,汲古书院,1997年版。

〔日〕臼井佐知子:徽州汪氏の移動と商業活動,《中

国——社会と文化》第8号,1993年6月。中译文《徽州汪氏家族的迁徙与商业活动》,载《江淮论坛》1995年第1、2期。

〔日〕大田由纪夫:元末明初期における徽州府下の貨幣動向,《史林》第76卷第4号,1993年7月。

〔日〕小松恵子:宋代以降の徽州地域発達と宗族社会,広岛史学研究会《史学研究》第201号,1993年9月。

〔日〕竹之内裕章:歙州硯を中心とした作硯樣式の変遷—唐、五代—,《佐贺大国文》第22号,1993年11月。

周绍泉:明清徽州契约与合同异同探,日本《中国史学》第3号"明清专号",1993年。

张冠增:明末清初北京の歙县会館—徽州商人とその同郷組織—,《アジア文化研究》第19号,1993年3月。

1994年

栾成显:明代黄册底籍的发现及其研究价值,《文史》第38辑,中华书局1994年版。

郑坚坚:汪莱年谱,《中国科技史料》1994年第3期。

桑良至:安徽省图书馆藏抄本《客商规略》考评,《文献》1994年第3期。

潘天祯:胡正言家世考,《北京图书馆馆刊》1994年第3—4期。后收入《潘天祯文集》,北京图书馆出版社、上海科学技术文献出版社2002年版。

徐小蛮:徽派名作《程氏墨苑》中的佛教版画,《江淮论坛》1994年第1期。

陈长文:目连戏与徽州俗文化,《江淮论坛》1994年第3期。

高寿仙:明初徽州族长的经济地位——以休宁县朱胜右为例,《江淮论坛》1994年第4期。

周绍泉:徽州元代前后至元文书年代考析,《江淮论坛》1994年第4期。

王振忠:明清淮安河下徽州盐商研究,《江淮论坛》1994年第5期。

赵华富:明清徽州西递明经胡氏的繁盛,《安徽史学》1994年第4期。

孙承平:徽州民信局与徽商,《徽州师专学报》1994年第3期。

史耘:"休邑粮差害民全案"与清末徽州社会,《徽州师专学报》1994年第3期。

王振忠:明清浙江盐商、徽歙新馆鲍氏研究——读《歙新馆鲍氏著存堂宗谱》,《徽州社会科学》1994年第2期。

张雪慧:徽茶行销及徽商茶业活动考略,《徽州社会科学》1994年第3期。

曹芷生:徽州傩文化浅见,《徽州社会科学》1994年第3期。

王兆乾:祁门傩及其对宇宙本原的阐释,《徽州社会科学》1994年第3期。

吴建之:太阳祭与傩仆制——祁门社景村傩舞《游太阳》考察报告,《徽州社会科学》1994年第3期。

张国标:简论徽派版画黄氏家族等主要刻工,《东南文化》1994年第1期。

王振忠:歙县明清徽州盐商故里寻访记,《盐业史研究》1994年第2期

〔日〕中岛乐章:明代中期の老人制と郷村裁判,《史滴》第15号,1994年1月。

〔日〕滝野正二郎:清代乾隆年間における官僚と塩商—両淮塩引案を中心として—(二),《九州大学东洋史论集》第22号,1994年1月。

〔日〕山根幸夫:明代の路程書について,《明代史研究》第22号,1994年4月。中译文《明代"路程"考》,载张中正主编《明史论文集》,黄山书社1994年版。

〔日〕中岛乐章:明代中期、徽州府下における"値亭老人"について,《史观》第131号,1994年9月。

〔日〕鶴見尚弘:徽州千年契约文书/中国社会科学院歴史研究所收藏整理,王钰欣,周绍泉主编(1991),《东洋学报》第76卷第1、2号,1994年10月。中译文载《中国史研究动态》1995年第4期。

〔日〕臼井佐知子:徽州探訪記,《近代中国》第24号,1994年12月。

〔日〕铃木博之:明代における宗祠の形成,《集刊东洋学》第71号,1994年。

1995年

唐力行:徽州方氏与社会变迁——兼论地域社会与传统中国,《历史研究》1995年第1期。后收入上海图书馆编《中

国谱牒研究》,上海古籍出版社 1999 年版。

王廷元:论徽州商帮的形成与发展,《中国史研究》1995 年第 3 期。

陈柯云:明清徽州宗族对乡村统治的加强,《中国史研究》1995 年第 3 期。

陈柯云:雍正五年开豁世仆谕旨在徽州的实施——以《乾隆三十年休宁汪、胡互控案》为中心,《清史论丛》第 12 辑,1995 年。

王振忠:从祖籍地缘到新的社会圈——关于明清时期侨寓徽商土著化的三个问题,《原学》第 2 辑,中央广播电视出版社 1995 年版。后收入赵华富编《首届国际徽学学术讨论会文集》,黄山书社 1996 年版。

潘天祯:胡正言生卒、定居及启用十竹斋名的时间考察,载《北京图书馆馆刊》1995 年第 1—2 期。后收入《潘天祯文集》。

吴承明:十六与十七世纪的中国市场,《货殖:商业与市场研究》第 1 辑,1995 年。后收入氏著《市场·近代化·经济史论》,云南大学出版社 1996 年版。

童光东、刘惠玲:明清时期新安药店及其医药作用,《中华医史杂志》1995 年第 1 期。

赵华富:从徽州宗族资料看宗族的基本特征,中国谱牒学研究会编《谱牒学研究》第 4 辑,书目文献出版社 1995 年版。

〔日〕沟口正人著,赵晓征译:新安江流域民居调查表,

《民俗研究》1995年第3期。

牛建强:明代徽州地区之社会变迁,《史学月刊》1995年第4期。

〔美〕居蜜、叶显恩:明清时期徽州的刻书与版画,《江淮论坛》1995年第2期。后收入赵华富编《首届国际徽学学术讨论会文集》。

刘淼:清代徽州的"会"与"会祭":以祁门善和里程氏为中心,《江淮论坛》1995年第4期。

郑力民:徽州社屋的诸侧面:以歙南孝女会田野个案为例,《江淮论坛》1995年第4、5期。亦载台湾汉学研究中心《寺庙与民间文化研讨会论文集》下册(1995年),并节要发表于赵华富编《首届国际徽学学术讨论会文集》。

卞利:清前期土地税契制度及投税过割办法研究:徽州休宁县土地税票剖析,《安徽史学》1995年第2期。

赵华富:民国时期黟县西递明经胡氏宗族调查报告,《安徽大学学报》1995年第4期。

王世华:论徽商与封建政治势力的关系,《安徽师范大学学报》1995年第1期。

刘淼:从徽州土地文书看地权关系演变,《徽州社会科学》1995年第1、2期。

王振忠:徽州"五通(显)"与明清以还福州的"五帝"信仰,《徽州社会科学》1995年第1、2期。

江太新:论清代徽州土地买卖中宗法关系的松弛,《徽州社会科学》1995年第1、2期。

四、参考书目

王日根:明清徽州会社经济举隅,《中国经济史研究》1995年第2期。后收入氏著《明清民间社会的秩序》,岳麓书社2003年版。

王振忠:康熙南巡与两淮盐务,《盐业史研究》1995年第4期。

周绍泉:明后期祁门胡姓农民家族生活状况剖析,《东方学报》第67册,1995年3月。

〔日〕松浦章:浙江商人汪鵬と日本刻《論語集解義疏》,《関西大学文学論集》44—1—4"文学部創設七十周年記念特輯",1995年3月。

〔日〕山本岩:汪鹏事迹考,《宇都宮大学教育学部紀要》45—1,1995年3月。

〔日〕中岛乐章:明代前半期、里甲制下の紛争処理—徽州文書を史料として—,《东洋学报》第76卷第3—4号,1995年3月。

〔日〕渋谷裕子:清代徽州農村社会における生員のコミュニティについて,《史学》第64卷第3、4号,1995年4月。

〔日〕中岛乐章:徽州の地域名望家と明代の老人制,《东方学》第90辑,1995年7月。

〔日〕臼井佐知子:徽州における家產分割,《近代中国》第25号,1995年。

〔日〕本田精一:《三台萬用正宗》算法門と商業算術,《九州大学东洋史论集》第23号,1995年。

1996 年

叶显恩:徽州和珠江三角洲宗法制比较研究,《中国经济史研究》1996 年第 4 期。后收入周绍泉、赵华富主编《'95 国际徽学学术讨论会论文集》,安徽大学出版社 1997 年版。

李琳琦:徽商与明清时期的木材贸易,《清史研究》1996 年第 2 期。

赵金敏:明代黄册的发现与考略,《中国历史博物馆馆刊》1996 年第 1 期。

栾成显:万历九年清丈归户亲供册研究,《中国历史博物馆馆刊》1996 年第 2 期。

刘小兵:明代刻书大家吴勉学与中医刻书事业,《中国典籍与文化》1996 年第 3 期。

彭化银:医家群体——"新安医学"浅探,《中国中医基础医学杂志》第 2 卷第 3 期,1996 年 6 月。

方光禄:黄山"海马",《民俗研究》1996 年第 1 期。

张海鹏:徽商在两淮盐业中的优势——"明清徽商与两淮盐业"研究之二,载赵华富编《首届国际徽学学术讨论会文集》。

王廷元:徽州商人的小本起家,载赵华富编《首届国际徽学学术讨论会文集》。

刘尚恒、李国庆:天津馆藏珍本徽学文献叙录,载赵华富编《首届国际徽学学术讨论会文集》。

〔日〕新宫学:明末清初苏州府常熟县的同业组织与徽州商人,载赵华富编《首届国际徽学学术讨论会文集》。

刘淼:徽州学:面向世界的传统中国区域社会研究——"国际徽学学术讨论会"论题述要,《江淮论坛》1996年第1期。

翟屯建:虬村黄氏刻工考述,《江淮论坛》1996年第1期。

方光禄:略论新安豪强的兴起,《江淮论坛》1996年第2期。

张朝胜:民国时期的旅沪徽州茶商:兼谈徽商衰落问题,《安徽史学》1996年第2期。

唐力行:关于《日本碎语》的碎语,《安徽史学》1996年第4期。

杨春雷:试论明清徽州市镇与社会转型——兼与江浙市镇比较,《安徽史学》1996年第4期。

周致元:明代徽州的教化措施及其影响,《安徽大学学报》1996年第2期。

陈柯云:明清徽州族产的发展,《安徽大学学报》1996年第2期。

卞利:明代徽州的地痞无赖与徽州社会,《安徽大学学报》1996年第5期。

栾成显:明末典业徽商一例:《崇祯二年休宁程虚宇立分书》研究,《徽州社会科学》1996年第3期。

翟屯建:黄山市博物馆藏家谱提要(一),《徽州社会科学》1996年3期。

翟屯建:黄山市博物馆藏家谱提要(二),《徽州社会科学》1996年第4期。

李琳琦:徽商的竞争观念述论,《徽州社会科学》1996年第4期。

沈津:谈明胡氏十竹斋刻本《重订四六鸳鸯谱》,《东南文化》1996年第1期。

沈炳尧:明清遂安县房地产买卖商品化特征:明清遂安县和徽州府各县房地产买卖比较研究,《浙江学刊》1996年第1期。

阮明道:(芜湖)吴氏经商账簿研究,《四川师范学院学报》1996年第6期。后收入氏著《中国历史与地理论考》,巴蜀书社2002年版。

刘淼:明代召商运盐的基本形态,《盐业史研究》1996年第4期。

王振忠:"徽州朝奉"的俗语学考证,《中国社会经济史研究》1996年第4期。

栾成显撰,〔日〕岸本美绪译:明末清初庶民地主の一考察——朱学源戸を中心に,《东洋学报》第78卷第1号,1996年。

〔日〕平田昌司:徽州休宁の言語生活,《未名》第14号,1996年3月。

〔日〕中島乐章:明代徽州の一宗族をめぐる紛争と同族統合,《社会経済史学》第62卷第4号,1996年11月25日。中译文《围绕明代徽州一宗族的纠纷与同族统合》,李建云译、王振忠校,《江淮论坛》2000年第2、3期。

〔日〕坂元晶:明代中期蘇州商人のネットワークー考察—呉寬の家系の復原を中心に—,《待兼山论丛》史学篇第30号,1996年12月。

〔日〕臼井佐知子:徽州文書からみた"承継"について,《东洋史研究》第55卷第3号,1996年12月。中译文《徽州家族的"承继"问题》,载周绍泉、赵华富主编《'95国际徽学学术讨论会论文集》,安徽大学出版社1997年版。

〔日〕山本英史:明清黟县西递胡氏契约文書の檢討,《史学》第65卷第3号,1996年。

〔日〕中岛敬:《日本一鉴》の日本认识,《东洋大学文学部纪要》四九"史学科篇"二一,1996年3月。

〔韩〕朴元熵:明代徽州宗族组织廓大的契机——以歙县柳山方氏为中心,《东洋史学研究》(55),1996年。中译文《从柳山方氏看明代徽州宗族组织的扩大》,《历史研究》1997年第1期。

1997年

栾成显:明代里甲编制原则与图保划分,《史学集刊》1997年第4期。

阿风:明代徽州批契及其法律意义,《中国史研究》1997年第3期。

栾成显:论封建国家、地主、农民三者之间的关系,《史学理论研究》1997年第4期。

栾成显:明代土地买卖推收过割制度之演变,《中国经济史研究》1997年第4期。

张燕华、周晓光：论道光中叶以后上海在徽茶贸易中的地位，《历史档案》1997年第1期。

吴晓萍、李琳琦：徽商的途程观念，《历史档案》1997年第2期。

卞利：傅岩《歙纪》及其文献价值，《文献》1997年第4期。

赵日新：徽州民俗与徽州方言，《民俗研究》1997年第3期。

栾成显：元末明初谢氏家族及其遗存文书，载周绍泉、赵华富主编《'95国际徽学学术讨论会论文集》，安徽大学出版社1997年版。

胡槐植：徽州宗族祭祀制度，载周绍泉、赵华富主编《'95国际徽学学术讨论会论文集》。

周绍泉：清康熙"胡一"案中的农村社会和农民，载周绍泉、赵华富主编《'95国际徽学学术讨论会论文集》。

陈柯云：雍正五年开豁世仆谕旨在徽州实施的个案分析，载周绍泉、赵华富主编《'95国际徽学学术讨论会论文集》。

〔日〕渋谷裕子：明清徽州农村的"会"组织，载周绍泉、赵华富主编《'95国际徽学学术讨论会论文集》。日文本《徽州文書にみられる"会"組織について》，载《史学》第67卷第1号，1997年9月28日。

〔日〕中岛乐章：从《茗洲吴氏家记》看明代的诉讼处理程序，载周绍泉、赵华富主编《'95国际徽学学术讨论会论文集》。

〔日〕川胜守:明末长江三角洲新安商人经济动态之一斑,载周绍泉、赵华富主编《'95国际徽学学术讨论会论文集》。

王振忠:徽商与清代两淮盐务"务本堂"研究,载周绍泉、赵华富主编《'95国际徽学学术讨论会论文集》。

〔日〕沟口雄三:儒学研究与徽州文书,载周绍泉、赵华富主编《'95国际徽学学术讨论会论文集》。

曹志耘:语言学视野下的新安文化论纲,载周绍泉、赵华富主编《'95国际徽学学术讨论会论文集》。

〔美〕周启荣:明末印刷与徽州地方文化,载周绍泉、赵华富主编《'95国际徽学学术讨论会论文集》。

翟屯建:虬村黄氏刻工考述,载周绍泉、赵华富主编《'95国际徽学学术讨论会论文集》。

〔日〕宫崎洋一:明清时期徽州的燃料资源,载周绍泉、赵华富主编《'95国际徽学学术讨论会论文集》。

周绍泉:徽州文书所见明清徽商的经营方式,载陈怀仁主编《(第六届明史国际学术讨论会)明史论文集》,黄山书社1997年版。

葛庆华:徽州文会初探,《江淮论坛》1997年第4期。

方光禄:李善长籍贯再考,《安徽史学》1997年第3期。

赵华富:《新安名族志》编纂的背景和宗旨,《安徽大学学报》1997年第3期。

颜军:明清时期徽州族产经济初探——以祁门善和程氏

为例,《明史研究》第 5 辑,1997 年。

许宏泉:民国歙人书家概述,《书法之友》1997 年第 5 期。

翟屯建:黄山市博物馆藏家谱提要(三),《徽州社会科学》1997 年第 2 期。

翟屯建:黄山市博物馆藏家谱提要(四),《徽州社会科学》1997 年第 2 期。

翟屯建:黄山市博物馆藏家谱提要(五),《徽州社会科学》1997 年第 3 期。

翟屯建:黄山市博物馆藏家谱提要(六),《徽州社会科学》1997 年第 4 期。

李琳琦、王世华:明清徽商与儒学教育,《华东师范大学学报》(教育科学版)1997 年第 3 期。

唐力行:论徽州宗族社会的变迁与徽商的勃兴,《中国社会经济史研究》1997 年第 2 期。

栾成显:明代黄册制度起源考,《中国社会经济史研究》1997 年第 4 期。

(台)郑俊彬:明代四川木材的经营及其弊害,《庆祝王恢教授九秩嵩寿论文集》,乐学书局有限公司 1997 年版。

(台)刘祥光:中国近世地方教育的发展——徽州文人、塾师与初级教育(1100—1800),载台湾中研院《近代史研究所集刊》第 28 期,1997 年。

(台)刘祥光:从徽州文人的隐与仕看元末明初的忠节与隐逸,《大陆杂志》94 卷 1 期,1997 年。

黄伟明:王振忠著《明清徽商と淮扬社会の变迁》,《东洋学报》第79卷第3号,1997年12月。

〔日〕平田昌司:徽州休宁方言"笑话儿"的两种叙事,《桥本万太郎记念中国语学论文集》,东京内山书店1997年版。

〔日〕伊藤正彦:明代里老人制再认识,夏日新译,武汉大学中国三至九世纪研究所编《中国前近代史理论国际学术研讨会论文集》,湖北大学出版社1997年版。

〔日〕沟口正人:住まいの空間構造を読み解く:徽州休宁県における伝統民居の調査(〈第2部〉芸術工学へのアプローチ),《芸術工学への誘い》第1号,名古屋,名古屋市立大学,1997年2月28日。

〔日〕谷井俊仁:路程書の時代,载小野和子编《明末清初の社会と文化》,京都,京都大学人文科学研究所,1996年3月31日。

〔日〕松浦章:中国史における徽学の高揚—明清史研究の新動向—,《东方》第193号,东京:东方书店,1997年4月。

〔日〕铃木博之:徽州の村落と祠堂—明清時代の婺源県を中心として—,《集刊东洋学》第77号,1997年5月。

〔日〕滋贺秀三:家産分割における店舗をめぐる一史料,《东洋法制史研究会通信》第11号,1997年8月9日。

〔日〕臼井佐知子:中国明清時代における文書の管理と保存,《历史学研究》第703号"增刊号",1997年10月。

〔日〕中岛敬:《日本一鉴》研究史,《东洋大学文学部纪要》五○"史学科篇"三二,1997年3月。

〔韩〕朴元熇:徽州纪行,载韩国《明清史研究》(7),1997年。

〔韩〕朴元熇:明清时代徽州真应庙之统宗祠转化与宗族组织——以歙县柳山方氏为中心,载韩国《东洋史学研究》(60),1997年。后载《中国史研究》1998年第3期,并收入氏著《明清徽州宗族史研究》

1998年

栾成显:明代黄册人口登载事项考略,《历史研究》1998年第2期。

周绍泉:徽州文书所见明末清初的粮长、里长和老人,《中国史研究》1998年第1期。

许敏:明代商人户籍问题初探,《中国史研究》1998年第3期。

李琳琦、吴晓萍:新发现的《做茶节略》,《历史档案》1999年第3期。

阿风:徽州文书研究十年回顾,《中国史研究动态》1998年第2期。

李琳琦:从谱牒和商业书看明清徽州的商业教育,《中国文化研究》1998年第3期。

王国键:论五口通商后徽州茶商贸易重心的转移,《安徽史学》1998年第3期。

程自信:《市隐轩吟草》与《闲吟集》——两部未见著录的明代徽州文人诗集简介,《古籍研究》1998年第4期。后收入周绍泉、赵华富主编《'98国际徽学学术讨论会论文集》。

四、参考书目

李琳琦:略论徽州书院与徽学学术思想之演变,《学术界》1998年第6期。

李琳琦:"激进"的言论与"保守"的行为——对徽商在传统价值观问题上的心理分析,《社会科学家》1998年第6期。

翟屯建:黄山市博物馆藏家谱提要(七),《徽州社会科学》1998年第1期。

刘小陆:清末徽河商旅风波二则,《徽州社会科学》1998年第3期。

王裕明:清末民初典当业当簿剖析,《中国社会经济史研究》1999年第3期。

华南研究资料中心:征求解读一张地契,《华南研究资料中心通讯》第10期,1998年1月15日。

郑振满:徽州地契浅释,《华南研究资料中心通讯》第11期,1998年4月15日。

黄永豪:对《徽州地契浅释》一文的一些补充意见,《华南研究资料中心通讯》第11期,1998年4月15日。

阿风:八十年代以来徽州社会经济史研究回顾,日本《中国史学》第8号"经济史专号",1998年12月。

〔日〕高桥芳郎:明代徽州府休宁县の一争讼—《著存文卷集》の绍介—,《北海道大学文学部纪要》第46卷第2号,1998年1月,又收于氏著《宋代中国の法制と社会》,东京:汲古书院,2002年9月。

〔日〕小川阳一:日用類書—《萬用正宗》《萬寶全書》《不求人》など—,《月刊しにか》1998年3月号。

〔日〕竹之内裕章:歙州砚鉴定考,《佐贺大国文》第26号,1998年3月。

〔日〕上田信:トラの眼から見た地域開発史—中国黄山における生態システムの変容—,川田順造編《岩波講座:開発と文化(5)地球の環境と開発》,岩波书店,1998年3月。

王振忠撰,泽崎京子译:無徽不成鎮—徽州商人と塩業都市の発展—,都市史研究会编《年报都市史研究》第6号"宗教と都市"特集,东京,山川出版社,1998年10月。

〔日〕中岛乐章:明末徽州の里甲制関係文書,《东洋学报》第80卷第2号,1998年9月。

〔日〕中岛乐章:明代後期、徽州郷村社会の紛争処理,《史学杂志》第107卷第9号,1998年9月20日。

〔美〕居蜜:明清时期徽州的刻书和版画,《二三十年代中國與東西文藝:蘆田孝昭教授退休紀念論文集》,东京,东方书店,1998年12月。

〔韩〕朴元熇:仙翁庙考——以淳安县方储庙的宗祠转化为中心,韩国《历史学报》(157),1998年。收入氏著《明清徽州宗族史研究》。

〔韩〕朴元熇:明清时代徽州商人与宗族组织——以歙县柳山方氏为中心,韩国《明清史研究》(9),1998年。后载《安徽师范大学学报》1999年第3期;又收入周绍泉、赵华富主编《'98国际徽学学术讨论会论文集》;收入氏著《明清徽州宗族史研究》。

〔韩〕朴元熇:再访徽州,韩国《明清史研究》(8),

1998年。

〔韩〕权仁溶:明末徽州的土地丈量与里甲制——以祁门县'谢氏纷争'为中心,韩国《东洋史学研究》(63),1998年。又以《从祁门县"谢氏纷争"看明末徽州的土地丈量与里甲制》,载《历史研究》2000年第1期;后收入周绍泉、赵华富主编《'98国际徽学学术讨论会论文集》。

1999年

栾成显:论明代甲首户,《中国史研究》1999年第1期。

范金民:清代徽州商帮的慈善设施——以江南为中心,载《中国史研究》1999年第4期。后收入周绍泉、赵华富主编《'98国际徽学学术讨论会论文集》。

王世华:明清徽州典商的盛衰,《清史研究》1999年第2期。

李琳琦:清代徽州书院的教学和经营管理特色,《清史研究》1999年第3期。

陈智超:新发掘出的徽州文书——方元素信件介绍,《中国史研究动态》1999年第1期。

阿风:试论明清徽州的"接脚夫",载朱诚如、王天有主编《明清论丛》第1辑,紫禁城出版社1999年版。

王振忠:《唐土门簿》与《海洋来往活套》——佚存日本的苏州徽商资料及相关问题研究,《江淮论坛》1999年第2期、第3期、第4期。后收入周绍泉、赵华富主编《'98国际徽学学术讨论会论文集》。

卞利:论明清时期徽商的法制观念,《安徽大学学报》

1999年第4期。

王振忠:同善堂规则章程——介绍徽商与芜湖的一份史料,《安徽大学学报》1999年第4期。

阿风:徽州文书中"主盟"的性质,《明史研究》第6辑,黄山书社1999年版。后收入周绍泉、赵华富主编《'98国际徽学学术讨论会论文集》。

〔日〕松浦章:徽州海商王直与日本,《明史研究》第6辑,黄山书社1999年版。后收入周绍泉、赵华富主编《'98国际徽学学术讨论会论文集》。

郑力民:安徽宗族历史与徽州宗族社会,《学术界》1999年第4期。

王振忠:民国年间流传于徽州的一册《(新刻)花名宝卷》,《古籍研究》1999年第3期。

张海鹏:论徽商经营文化,《安徽师范大学学报》1999年第3期。

江巧珍:徽州盐商兴衰的典型个案——歙县江氏《二房赀产清簿》,《安徽师范大学学报》1999年第3期。

方光禄:淳歙方氏宗法组织上层结构浅论,《徽州社会科学》1999年第3期。

〔日〕宅间利翁:新安画派考,《徽州社会科学》1999年第3期。又载黄山市徽州文化研究院编《徽州文化研究》第1辑,黄山书社2002年版。

倪清华:黄山市博物馆藏徽州文书题要(一),《徽州社会科学》1999年第4期。

四、参考书目

张伟:"休宁鱼鳞图卷"的历史及内容,《徽州社会科学》1999年第4期。

王裕明:光绪振成典钱洋实存簿浅析,《江海学刊》1999年第4期。

王振忠:新近发现的徽商信函所见"徽侨"及相关史实,载《中华文史论丛》第60辑,上海古籍出版社1999年版。

王振忠:徽州商业文化的一个侧面——反映民国时期上海徽州学徒生活的十封书信,《复旦学报》1999年第4期。

王振忠:徽商展墓日记所见徽州的社会与民俗——以《(歙县)大阜潘氏支谱附编文诗钞》为中心,上海图书馆编《中国谱牒研究》,上海古籍出版社1999年版。

赵华富:徽州族谱数量大和善本多的原因,上海图书馆编《中国谱牒研究》。

刘尚恒:《虬川黄氏宗谱》与虬村黄姓刻工,《江淮论坛》1999年第5期。又载上海图书馆编《中国谱牒研究》。

李琳琦:徽州书院略论,《华东师范大学学报》(教育科学版)1999年第2期。后载周绍泉、赵华富主编《'98国际徽学学术讨论会论文集》。

唐力行:徽州学研究的对象、价值、内容与方法,《史林》1999年第3期。

李琳琦:传统文化与徽商心理变迁,《学术月刊》1999年第1期。

刘淼:民国时期祁门红茶的产销统制,《中国社会经济史研究》1999年第4期。

王振忠:抄本《三十六串》介绍——清末徽州的一份民间宗教科仪书,载《华南研究资料中心通讯》第14期,香港科技大学华南研究会,1999年1月15日。

(台)王汎森:汪悔翁与乙丙日记——兼论清季历史的潜流,《东亚近代思想与社会:李永炽教授六秩华诞祝寿论文集》,台北,月旦出版社1999年版。

(台)马孟晶:文人雅趣与商业书坊——《十竹斋书画谱》和笺谱的刊印与胡正言的出版事业,《新史学》10卷3期,1999年9月。

周绍泉:试解清嘉庆年间一张徽州地契——兼论明清佃权的产生及典买,日本《东方学报》第71册,1999年3月。

洪蕾:《明代中期に於ける徽州の宗族状況に関する一考察—〈篁墩文集〉を中心に—》,《大谷大学大学院研究纪要》第16号,1999年12月。

〔日〕渋谷裕子:杉とトウモロコシ—安徽省休寧県の棚民調査—,《日中文化研究》第14号,东京,勉诚出版,1999年1月。

〔日〕铃木博之:徽州の"家"と相続慣行—瑞村胡氏をめぐって—,《山形大学史学论集》第19号,1999年2月。

〔日〕松浦章:1998年国际徽学研讨会,《满族史研究通信》第8号,1999年3月。

〔日〕和田一雄:安徽省の山村に暮らす—地域社会の仕組みをのぞき見る—,爱知大学现代中国学会编:《中国21》第6卷,名古屋:风媒社,1999年5月30日。

〔日〕臼井佐知子:中国江南における徽州商人とその商

業活動,佐藤次高、岸本美緒编:《地域の世界史(9):市場の地域史》,东京:山川出版社,1999年6月。

熊远报:清代徽州地方における地域紛争の構図—乾隆期婺源県西関壩訴訟を中心として—,《东洋学报》第81卷第1号,1999年6月。

〔日〕中岛乐章:1998国际徽学研讨会,《东方学》第98辑,1999年7月。

〔日〕铃木博之:徽州商人の一系譜—溪南吳氏をめぐって—,《东方学》第98辑,1999年7月。

〔日〕中岛乐章:明末徽州の佃僕制と紛争,《东洋史研究》第58卷第3号,1999年12月。

〔日〕神田辉夫:郑舜功と蒋洲——大友宗麟と会った二人の明人,《大分大学教育福祉科学部研究紀要》21—2,1999年10月。

〔韩〕朴元熇:三访徽州,韩国《明清史研究》(10),1999年。

〔韩〕朴元熇:明清时代的中国族谱——以《方氏会宗通谱》为例,《韩国史市民讲座》(24),1999年。

〔韩〕权仁溶:明末清初徽州的丈量单位与畓正——以与里甲制的联系为中心,韩国《东洋史学研究》(65),1999年。

〔韩〕洪性鸠:明中期徽州的乡约和宗族的关系,韩国《大东文化研究》(34),1999年。

2000年

周绍泉:徽州文书与徽学,《历史研究》2000年第1期。

后收入周绍泉、赵华富主编《'98 国际徽学学术讨论会论文集》。

唐力行:从碑刻看明清以来苏州社会的变迁——兼与徽州社会比较,《历史研究》2000 年第 1 期。

阿风:明清时期徽州妇女在土地买卖中的权利与地位,《历史研究》2000 年第 1 期。

卞利:明代徽州的民事纠纷与民事诉讼,《历史研究》2000 年第 1 期。

〔日〕夫马进:试论明末徽州府的丝绢分担纷争,《中国史研究》2000 年第 2 期。后收入周绍泉、赵华富主编《'98 国际徽学学术讨论会论文集》。

栾成显:明代户丁考释,《中国史研究》2000 年第 2 期。后收入龙西斌、余学群主编《第八届明史国际学术讨论会论文集》,湖南人民出版社 2001 年版。

许敏:试论清代前期铺商户籍问题——兼论清代"商籍",《中国史研究》2000 年第 3 期。

陈智超:《美国哈佛大学燕京图书馆藏明代徽州方氏亲友手札七百通考释》导言,《中国史研究》2000 年第 3 期。

汪庆元:徽商会票制度考略,《文献》2000 年第 1 期。

朱红:一份清代道光年间的徽州奁谱,《中国典籍与文化》2000 年第 4 期。

张国标:徽派版画与吴兴寓五本《西厢记》考,《美术观察》2000 年第 12 期。

张长虹:石涛《黄山图》及相关问题研究,《新美术》2000

年第1期。

章丽华、王旭光:新安医籍在日本的流传,《医古文知识》2000年第2期。

王振忠:一个徽州山村社会的生活世界——新近发现的"歙县里东山罗氏文书"研究,《中国社会历史评论》第2卷,天津古籍出版社2000年版。

常建华:明代宗族祠庙祭祖的发展——以明代地方志资料和徽州地区为中心,《中国社会历史评论》第2卷。

王振忠:徽州文书所见种痘及相关习俗,《民俗研究》2000年第1期。

汪庆元、陈迪光:方评《聊斋志异》评语辑录,蒲松龄研究所主办《蒲松龄研究》2002年第1、2期。

王振忠:徽州炮,《寻根》2000年第3期。

叶显恩:儒家传统文化与徽州商人,载周绍泉、赵华富主编《'98国际徽学学术讨论会论文集》。

王廷元:论徽州商人的义利观,《安徽师范大学学报》1998年第4期。后收入周绍泉、赵华富主编《'98国际徽学学术讨论会论文集》。

〔日〕臼井佐知子:试论中国徽州商人与日本近江商人商业伦理之异同,载周绍泉、赵华富主编《'98国际徽学学术讨论会论文集》。亦见唐力行主编《家庭·社区·大众心态变迁国际学术研讨会论文集》,黄山书社1999年版。

陈学文:徽商与商书——略论徽商对明代社会经济文化发展的贡献,载周绍泉、赵华富主编《'98国际徽学学术讨论会论文集》。

赵华富:明代中期徽州宗族统治的强化,载周绍泉、赵华富主编《'98国际徽学学术讨论会论文集》。

栾成显:中国封建社会诸子均分制述论——以徽州文书所见为中心,载周绍泉、赵华富主编《'98国际徽学学术讨论会论文集》。

〔日〕岩井茂树:明代《徽州府赋役全书》小考,载周绍泉、赵华富主编《'98国际徽学学术讨论会论文集》。

张雪慧:明代徽州文契所见土地关系初探,载周绍泉、赵华富主编《'98国际徽学学术讨论会论文集》。

伍跃:官印与文书行政,载周绍泉、赵华富主编《'98国际徽学学术讨论会论文集》。

周致元:明代政治舞台上的徽州进士,载周绍泉、赵华富主编《'98国际徽学学术讨论会论文集》。

卞利:16至17世纪徽州社会变迁中的大众心态,载周绍泉、赵华富主编《'98国际徽学学术讨论会论文集》。

〔日〕川胜贤亮(守):明清时代徽州地方的宗族社会与宗教文化,载周绍泉、赵华富主编《'98国际徽学学术讨论会论文集》。

周晓光:论新安理学家赵汸的《春秋》学说,载周绍泉、赵华富主编《'98国际徽学学术讨论会论文集》。

张玉才、汪涛:试论儒学对新安医学的影响,载周绍泉、赵华富主编《'98国际徽学学术讨论会论文集》。

赵日新:徽州方言的形成,载周绍泉、赵华富主编《'98

国际徽学学术讨论会论文集》。

翟屯建:徽派版画的兴起与发展,载周绍泉、赵华富主编《'98国际徽学学术讨论会论文集》。

王振忠:晚清民国时期徽州文书中的"兰谱",《安徽史学》2000年第3期。

陈瑞:明代徽州家谱的编修及其内容与体例的发展,《安徽史学》2000年第4期。

王振忠、朱红:《应急(杂字)》——介绍新近发现的一册徽州启蒙读物,《古籍研究》2000年第4期。

李琳琦:明清徽州的蒙养教育述论,《安徽师范大学学报》2000年第3期。

周晓光:清代徽商与茶叶贸易,《安徽师范大学学报》2000年第3期。

陶明选、李勇:程演生《天启黄山大狱记》述评,《安徽师范大学学报》2000年第3期。

陈桥驿:历史上徽州郦学家的《水经注》版本,《黄山高等专科学校学报》2000年第2期。

倪清华:黄山市博物馆藏徽州文书提要(二),《徽州社会科学》2000年第1期。

倪清华:黄山市博物馆藏徽州文书提要(三),《徽州社会科学》2000年第2期。

倪清华:黄山市博物馆藏徽州文书提要(四),徽州社会科学2000年第3期。

卞利:新发现的徽州契约文书初探,《中国农史》2000年第3期。

张国标:徽派版画中的名作《古歙山川图》作者考,《东南文化》2000年第5期。

赵华富:徽州谱牒在明代中期的发展变化,载上海图书馆编《中华谱牒研究》,上海科学技术文献出版社2000年版。

唐力行:新安商人在江南的迁徙与定居活动探微,载上海图书馆编《中华谱牒研究》。

王振忠:徽商家族文书与徽州族谱——黟县史氏家族文书抄本研究,载上海图书馆编《中华谱牒研究》。

赵灿鹏:美国所藏明代尺牍旧主方用彬家世表微,载上海图书馆编《中华谱牒研究》。

王振忠:抄本《便蒙习论》——徽州民间商业书的一份新史料,《浙江社会科学》2000年第2期。

夏维中、王裕明:南京大学历史系所藏徽州文书评介,《中国社会经济史研究》2000年第4期。

〔日〕松浦章:徽商汪宽也与上海棉布,《中国社会经济史研究》2000年第4期。又载安徽大学徽学研究中心编《徽学》2000年卷。日文本载《関西大学博物館紀要》第7号,2001年3月。

林济:明清徽州的共业与宗教礼俗生活,《华南师范大学学报》2000年第5期。

王振忠:稀见清代徽州商业文书抄本十种,《华南研究资料中心通讯》第20期,2000年7月15日。

熊远报:抄招給帖と批発—明清徽州民間訴訟文書の由

來と性格一,《明代史研究》第 28 号,2000 年 4 月。

〔日〕渋谷裕子:清代徽州休寧県における棚民像,山本英史編《伝統中国の地域像》,东京,庆应义塾大学出版会,2000 年 6 月。

〔日〕中岛乐章:明代の訴訟制度と老人制——越訴問題と懲罰权をめぐって——,《中国——社会と文化》第 15 号,2000 年 6 月。

〔日〕铃木博之:学界展望:"徽学"研究の現状と課題,《集刊东洋学》第 83 号,2000 年 5 月。

〔日〕中岛乐章:明代の訴訟制度と老人制—越訴問題と懲罰権をめぐって—,《中国——社会と文化》第 15 号,2000 年 6 月。

〔日〕神田辉夫:郑舜功著《日本一鉴》について(正)——《桴海図経》と《絶島新編》,郑舜功著《日本一鉴》について(续)——《穷河话海》,《大分大学教育福祉科学部研究汇要》22—1,2000 年 4 月。

〔韩〕朴元熇:明清时代徽州的市镇与宗族——歙县岩镇与柳山方氏环岩派,韩国《明清史研究》(12),2000 年。又载《上海师范大学学报》2005 年第 1 期,后收入氏著《明清徽州宗族史研究》。

〔韩〕权仁溶:明代徽州里的编制与增减,韩国《明清史研究》(13),2000 年。又载《上海师范大学学报》2005 年第 4 期。

〔韩〕曹永宪:明代盐运法的变化和扬州盐商——以徽商

和山陕商的力学关系的变化为中心,韩国《东洋史学研究》(70),2000年。

〔韩〕金仙憓:明末徽州的诉讼样相和特征——以《歙纪》的事例剖析,韩国《明清史研究》(12),2000年。

2001年

王振忠:一部徽州族谱的社会文化解读——《绩溪庙子山王氏谱》研究,《社会科学战线》2001年第3期。

李琳琦:明清徽州书院的官学化与科举化,《历史研究》2001年第6期。

周晓光:徽州盐商个案研究:《二房赀产清簿》剖析,《中国史研究》2001年第1期。

王振忠:清代徽州民间的灾害、信仰及其相关习俗——以婺源县浙源乡孝悌里凰腾村文书《应酬便览》为中心,《清史研究》2001年第2期。

栾成显:成化二十三年休宁李氏阄书研究,《明清论丛》第2期,紫禁城出版社2001年版。

李琳琦:略论徽商对家乡士子科举的扶持与资助,《历史档案》2001年第2期。

周绍泉:中国明代人口统计的经纬与现存的黄册底籍,《中国学术》第8辑,商务印书馆,2001年冬季号。

卞利:徽州访碑记,《读书》2001年第11期。

卞利:社会史研究的典型区域——明清徽州社区解剖,《天津社会科学》2001年第1期。

王振忠:民间档案文书与徽州社会史研究的拓展,《天津社会科学》2001年第5期。

王振忠:《朱峙二日记》所见晚清武昌县民俗及其变迁,《民俗研究》2001年第1期。

王振忠:十九世纪徽州民俗风情的素描,《寻根》2001年第3期。

栾成显:徽州文书与历史研究,安徽大学徽学研究中心编《徽学》2000年卷,安徽大学出版社2001年版。

吴仁安:明清徽州著姓望族述论,安徽大学徽学研究中心编《徽学》2000年卷。

常建华:宋元时期徽州祠庙祭祖的形式及其变化,安徽大学徽学研究中心编《徽学》2000年卷。

赵华富:祁门县渚口、伊坑、滩下、花城里倪氏宗族调查研究报告,安徽大学徽学研究中心编《徽学》2000年卷。

卞利:社会转型期宗族在农村社会中的作用——以祁门历溪、环砂和六都村为例,安徽大学徽学研究中心编《徽学》2000年卷。

周绍泉:透过明初徽州一桩讼案窥探三个家庭的内部结构及其相互关系,安徽大学徽学研究中心编《徽学》2000年卷。

阿风:从《杨干院归结始末》看明代徽州佛教与宗族之关系——明清徽州地方社会僧俗关系考察之一,安徽大学徽学研究中心编《徽学》2000年卷。

王振忠:晚清徽州民众生活及社会变迁——《陶甓公牍》之民俗文化解读,安徽大学徽学研究中心编《徽学》2000

年卷。

陈联:商人会馆新论——以徽州商人会馆为例,安徽大学徽学研究中心编《徽学》2000年卷。

赵山林:明清徽州曲论平议,安徽大学徽学研究中心编《徽学》2000年卷。

陈琪:祁门县环砂村最后一次目连戏演出过程概述,安徽大学徽学研究中心编《徽学》2000年卷。

徽州文献课题组:徽州文献与《徽人著述叙录》的编撰[附凡例及样稿],安徽大学徽学研究中心编《徽学》2000年卷。

汪世清:金瑗的《十百斋书画录》——兼说新安画派之渊源,《江淮论坛》2001年第4期。

李琳琦:宋元时期徽州的蒙养教育述论,《安徽史学》2001年第1期。

崔秀红、王裕明:明末清初徽州里长户简论,《安徽史学》2001年第1期。

范金民:明代徽商染店的一个实例,《安徽史学》2001年第3期。

陈瑞:论明清徽州望族的衡量标准及其类型,《安徽史学》2001年第3期。

胡中生:明清徽州下层社会的非常态婚姻及其特点,《安徽史学》2001年第3期。

卞利:明清时期徽州的会社初探,《安徽大学学报》2001年第6期。

四、参考书目

李琳琦:明清徽州进士数量、分布特点及其原因分析,《安徽师范大学学报》2001年第1期。

周晓光:新安理学与徽州宗族社会,《安徽师范大学学报》2001年第1期。

方光禄:十五至十七世纪徽州家庭状况的个案研究——以歙县北岸吴氏为中心,《黄山高等专科学校学报》2001年第2期。

陈琪:歙县三十五都潘氏文书辑录与考释,《黄山高等专科学校学报》2001年第3期。

胡成业:胡氏家族与胡开文,《徽州社会科学》2001年第3期。

夏维中、王裕明:从置产簿看清初徽州家族之间的财产互动——以休宁充山孙氏为中心,《中国农史》2001年第2期。

李琳琦:"儒术"与"贾事"的会通——"儒术"对徽商商业发展的工具性作用剖析,《学术月刊》2001年第6期。

王振忠:清代徽州与广东的商路及商业——歙县茶商抄本《万里云程》研究,《历史地理》第17辑,上海人民出版社2001年版。

王振忠:上海徽州典当商生活一瞥——民国时期婺源方氏典商信函研究,《上海研究论丛》第13辑,上海社会科学院出版社2001年版。

王振忠:清代一个徽州村落的文化与社会变迁——以《重订潭滨杂志》为中心,《中国社会变迁:反观与前瞻》,复旦大学出版社2001年版。

王振忠:一册珍贵的徽州盐商日记——跋徽州文书抄本《日记簿》,《历史文献》第5辑,上海科学技术文献出版社2001年版。

王振忠:徽商日记所见汉口茶商的社会生活——徽州文书抄本《日知其所无》笺证,复旦大学文物与博物馆学系编《文化遗产研究集刊》第2辑,上海古籍出版社2001年版。

王振忠:徽州旅浙硖石同乡会与《徽侨月刊》,《福建论坛》2001年第2期。

王振忠:徽州的春祈祭社——介绍一份社祭菜单,《华南研究资料中心通讯》第25期,2001年10月25日。

(台)邱淑如、严汉伟、陈亚宁:区域研究与全球网路虚拟图书馆——以帝国时期的中国徽州为例,《国家图书馆馆刊》2000年第1期,台湾"国家图书馆",2001年6月。

(台)林丽江:徽州版画《环翠堂园景图》之研究,《区域与网络——近千年来中国美术史研究国际学术研讨会论文集》,台湾大学艺术史研究所,2001年。

〔日〕工藤一郎:徽州版画隆盛考—人文社会的条件を主として—,《大阪学院大学国际学论集》第12卷第2号,2001年12月。

〔日〕冈本隆司:清末票法の成立—道光期两淮盐政改革再論—,《史学杂志》第110卷第12号,2001年12月。

〔韩〕金弘吉:明末四川皇木采办的变化,《中国社会经济史研究》2001年第4期。

〔韩〕朴元熇:徽州文书与徽州学研究,韩国《史丛》(54),2001年。

〔韩〕朴元熇:明代中期徽州商人方用彬——以哈佛燕京图书馆所藏之《明人方用彬书札》为中心,韩国《东洋史学研究》(74),2001年。收入氏著《明清徽州宗族史研究》。

〔韩〕权仁溶:清初徽州一个生员的乡村生活,《韩国史论》(32),2001年。后载安徽大学徽学研究中心编《徽学》第2卷,安徽大学出版社2002年版。

〔韩〕权仁溶:明末清初徽州的役法变化与里甲制,韩国《历史学报》(169),2001年。

2002年

范金民:清代江南棉布字号探析,《历史研究》2002年第1期。

周绍泉:退契与元明的乡村裁判,《中国史研究》2002年第2期。

李琳琦:徽商与清代汉口紫阳书院——清代商人书院的个案研究,《清史研究》2002年第2期。

汪崇筼:清代徽州盐商江仲馨获利案例试析,《清史研究》2002年第2期。

张研:对清代徽州分家文书书写程式的考察与分析,《清史研究》2002年第4期。

卞利:论徽州碑刻资料的主要内容和学术价值,《文献》2002年第4期。

齐琨:村落仪式和象征中的音乐——以徽州黟县古筑村

和祁门县彭龙村为例,香港中文大学音乐系、中国艺术研究院音乐研究所、中国传统音乐学会合编《中国音乐研究在新世纪的定位国际学术研讨会论文集》下册,人民音乐出版社2002年版。

胡中生:卖身婚书与明清徽州下层社会的婚配和人口问题,《明清人口婚姻家族史论:陈捷先教授、冯尔康教授古稀纪念论文集》,天津古籍出版社2002年版。

王振忠:无徽不成镇图说——定远方氏与北炉桥镇,《寻根》2002年第2期。

赵华富:婺源县游山董氏宗族调查研究,安徽大学徽学研究中心编《徽学》第2卷。

范金民、夏维中:明清徽州典商述略,安徽大学徽学研究中心编《徽学》第2卷。

朱万曙:明清两代徽州的演剧活动,安徽大学徽学研究中心编《徽学》第2卷。后收入朱万曙、卞利主编《戏曲·民俗·徽文化论集》,安徽大学出版社2004年版。

章望南:徽州古戏台及其建筑艺术,安徽大学徽学研究中心编《徽学》第2卷。

曹天生、张琨:王茂荫被马克思写进《资本论》史实考,安徽大学徽学研究中心编《徽学》第2卷。

汪庆元:徽学研究要籍叙录,安徽大学徽学研究中心编《徽学》第2卷。

陈联:徽州商业文献分类及价值,安徽大学徽学研究中心编《徽学》第2卷。

四、参考书目

卞利:20世纪徽学研究回顾,安徽大学徽学研究中心编《徽学》第2卷。

卞利:明清时期徽州的乡约简论,《安徽大学学报》2002年第6期。

卞利:明清时期徽州的民间禁赌,《安徽师范大学学报》2002年第4期。

刘道胜、朱昌荣:明代徽州方志述论,《安徽师范大学学报》2002年第4期。

倪清华:黄山市博物馆藏徽州文书简介,黄山市徽州文化研究院编《徽州文化研究》第1辑,黄山书社2002年版。

王振忠:徽商与清民国时期的信客与信局,武汉大学中国传统文化与现代化研究中心主办《人文论丛》2001年卷,武汉大学出版社2002年版。

王廷元:徽商从业人员的组合方式,《江海学刊》2002年第1期。

刘淼:传统农村社会的宗子法与祠堂祭祀制度——兼论徽州农村宗族的整合,《中国农史》2002年第3期。

阿风:徽州文书与明清女性史研究,《光明日报》2002年9月3日。后收入李小江等著《性别论坛:历史、史学与性别》,江苏人民出版社2002年版。

阿风:徽州分家书所见妇女的地位与权利,李小江等著《历史、史学与性别》。

夏维中、王裕明:也谈明末清初徽州地区土地丈量与里甲制的关系,《南京大学学报》2002年第4期。

唐力行:重构乡村基层社会生活的实态——一个值得深入考察的徽州古村落宅坦,《中国农史》2002年第4期。

唐力行:徽商在上海市镇的迁徙与定居活动,《史林》2002年第1期。

唐力行、张翔凤:国家民众间的徽州乡绅与基层社会控制,《上海师范大学学报》2002年第6期。

甘满堂:明清时期的徽商与福建,《福州大学学报》2002年第2期。

〔韩〕曹永宪:明代徽州盐商的移居与商籍,《中国社会经济史研究》2002年第1期。

卜永坚:商业里甲制——探讨1617年两淮盐政之"纲法",《中国社会经济史研究》2002年第2期。

刘淼:中国传统社会的资产运作形态——关于徽州宗族"族会"的会产处置,《中国社会经济史研究》2002年第2期。

张应强:从卦治《奕世永遵》石刻看清代中后期的清水江木材贸易,《中国社会经济史研究》2002年第3期

黄志繁:两则徽州文书所见之"会",《华南研究资料中心通讯》第26期,2002年1月15日。

邵鸿、黄志繁:19世纪40年代徽州小农家庭的生产和生活——介绍一份小农家庭生产活动日记簿,《华南研究资料中心通讯》第27期,2002年4月15日。

卜永坚:天启黄山大狱中的徽州盐商,《大陆杂志》第104卷第4期,2002年4月。

熊远报:徽州の宗族について―婺源県慶源村詹氏を中

心として一,日本《明代史研究》第30号,2002年4月。

熊远报:聯宗統譜と祖先史の再構成—明清時代、徽州地域の宗族の展開と拡大を中心として—,《中国—社会と文化》第17号,2002年6月。

〔日〕山根直生:唐末五代の徽州における地域発達と政治的再編,《东方学》第103辑,2002年1月31日。

〔日〕渋谷裕子:安徽省休寧県龍田郷浯田嶺村における山林経営方式の特徴—清嘉慶年間と現在を中心として—,《史学》第71卷第4号,2002年11月。

〔日〕市丸智子:元代貨幣の貫文・錠両単位の別について—黒城出土及び徽州契約文書を中心として—,《社会经济史学》第68卷第3号,2002年。

〔日〕田仲一成:爛熟期の中国古典戯曲の特徴—日本近世戯曲と比較して—,《日本学士院纪要》第56卷第3号,2002年。

〔日〕田仲一成:据徽州文书研讨中国戏剧起源问题,《人文中国学报》第9期,2002年12月。

〔韩〕权仁溶:清初徽州里的编制与增嚣,韩国《中国史研究》(18),2002年。又载《上海师范大学学报》2007年第3期。

〔韩〕权仁溶:明末清初徽州里役的朋充,韩国《明清史研究》(16),2002年。

2003年

常建华:明代徽州的宗族乡约化,《中国史研究》2003年第3期。

刘尚恒:潘之恒《黄海》之存佚,《文献》2003年第4期。

汪庆元:《新安旌城汪氏家录》初探,《文献》2003年第4期。

孙承平:《〈浸铜要略〉序》的发现与剖析,《中国科技史料》2003年第3期。

谢宏维:清代徽州外来棚民与地方社会的反应,《历史档案》2003年第2期。

谢宏维:清代徽州棚民问题及应对机制,《清史研究》2003年第2期。

马蹦非:董其昌与新安画派,《北方美术》2003年第1期。

常建华:明代徽州宗祠的特点,《南开学报》2003年第5期。

卞利:论明中叶至清前期乡里基层组织的变迁——兼评所谓的"第三领域"问题,《天津师范大学学报》2003年第1期。

张廷银:对家谱中作伪现象的认识——由挖改谱主姓氏的《新安潘氏宗谱》说起,《津图学刊》2003年第3期。

程自信:方士庹的《新安竹枝词》与徽州风俗,安徽省徽学学会编《徽学丛刊》第1辑,2003年12月。

鲍义来:黄宾虹与"徽学"的提出,安徽省徽学学会编《徽学丛刊》第1辑。

唐力行:徽州宗族研究概述,《安徽史学》2003年第

2期。

胡中生:明清徽州的人口买卖与婚配,《安徽史学》2003年第2期。

汪庆元:汪氏典业阄书研究——清代徽商典当业的一个实例,《安徽史学》2003年第5期。

王裕明:晚清上海德安押当票探析,《安徽史学》2003年第6期。

陈瑞:清代中期徽州山区生态环境恶化状况研究——以棚民营山活动为中心,《安徽史学》2003年第6期。

王廷元:徽州海盗商人胡胜,《安徽师范大学学报》2003年第1期。

王世华:徽商与长江文化,《安徽师范大学学报》2003年第1期。

李琳琦:明清徽州宗族与徽州教育发展,《安徽师范大学学报》2003年第5期。

方光禄:徽州社会转型时期的社区救济——《新安屯溪公济局征信录》初探,《黄山学院学报》2003年第1期。

江巧珍、孙承平:徽州府对哥老会的通缉告示的发现与探讨,《黄山学院学报》2003年第1期。

江巧珍、孙承平:徽语区方言的特点与成因初探,《黄山学院学报》2003年第4期。

方晖:徽州程府君墓志述考,《徽州社会科学》2003年第1期。

胡槐植整理标点:《桃源俗语劝世词》,《徽州社会科学》

2003年第1期。

刘和惠:明代徽州地契中的"地骨"和"山骨",《徽州社会科学》2003年第6期。

卞利:明清时期徽州森林保护碑刻初探,《中国农史》2003年第2期。

谢宏维:生态环境的恶化与乡村社会控制——以清代徽州的棚民活动为中心,《中国农史》2003年第2期。

卞利:明代户籍法的调整与农村社会的稳定,《江海学刊》2003年第5期。

王国键:明代徽州经济类档案发现始末,《上海档案》2003年第3期。

王日根:清代会馆发展中的官商相得——以苏州安徽会馆为例,载氏著《明清民间社会的秩序》,岳麓书社2003年版。

李自华:清代婺源的水旱与地方社会自救,《农业考古》2003年第1期。

王振忠:明清徽州的祭祀礼俗与社会生活——以《祈神奏格》展示的民众信仰世界为例,《历史人类学学刊》第1卷第2期,2003年10月。

(台)朱开宇:家族与科举:宋元明休宁程氏的发展(1100—1644),《台大文史哲学报》第58期,2003年5月。

陈时龙:十六、十七世纪徽州府的讲会活动,台湾《国立政治大学历史学报》第20期,2003年5月。

顾盼、张纯:明代徽州妇女继承、处置夫家产业之权限——以徽州散件卖契为例,《东吴历史学报》第9期,2003年3月。

熊远报:村落社会における"錢会",明代史研究会编《明代史研究会创立三十五年记念论集》,东京,汲古书院,2003年7月。

〔日〕臼井佐知子:中国徽州文書,21世紀COEプログラム"史資料ハブ地域文化研究拠点"総括班編《史資料ハブ地域文化研究》第1号,2003年3月。

〔日〕中岛乐章:明代徽州の小規模同族と山林経営,明代史研究会编《明代史研究会创立三十五年记念论集》,东京,汲古书院,2003年7月。

〔日〕中岛乐章:清代徽州的山林经营、纷争及宗族形成——祁门三四都凌氏文书研究,《江海学刊》2003年第5期。日文本载《社会经济史学》(72—1),2006年5月。

〔韩〕洪性鸠:明末清初の徽州における宗族と徭役分擔公議—祁門縣五都桃源洪氏を中心に—,《東洋史研究》第61卷第4号,2003年3月,又收于日韩文化交流基金编《访日学术研究者论文集:历史》第6卷,东京,日韩文化交流基金,2002年3月。

〔韩〕洪性鸠:清代徽州的保甲與里甲及宗族,《中国史学》第13号"明清史专号"。

〔韩〕洪性鸠:清代徽州的宗族和保甲制的展开,韩国《中国史研究》(27),2003年。

〔韩〕金仙憓:明代徽州之宗族制发达和诉讼,韩国《中国史研究》(27),2003年。

〔韩〕金仙憓:明代前期里甲制下的诉讼处理——以徽州文书为中心,韩国《明清史研究》(18),2003年。

2004年

孙承平:《耕湄新制铜仪记》的发现与探讨,《内蒙古大学学报》(自然科学版)2004年第4期。

栾成显:洪武鱼鳞图册考实,《中国史研究》2004年第4期。

胡中生:明清徽州生存伦理下的多元文化,《中国文化研究》2004年第3期。

朱万曙:明代徽州的民间诗人,《中国文化研究》2004年第3期。

王国键:徽州宗族立祠修谱活动及其文书,《中国典籍与文化》2004年第3期。

叶显恩:明中叶中国海上贸易与徽州海商,《明清论丛》第5辑,紫禁城出版社2004年版。

汪庆元:从徽州文书看明代税契制度的演变,《明清论丛》第5辑。

朱晓禧:清代《畏斋日记》中天气气候信息的初步分析,《古地理学报》2004年第1期。

谢宏维:清代棚民及其对社会经济的影响,《历史教学》2004年第3期。

胡中生:理想与现实的调和:传统职业观的前近代嬗变——以明清徽州为例,《天津社会科学》2004年第4期。

四、参考书目

卞利:徽商与明清时期的社会公益事业,《中州学刊》2004年第4期。

赵华富:休宁月潭朱氏宗族调查报告,安徽大学徽学研究中心编《徽学》第3卷,2004年版。

〔日〕臼井佐知子:明代徽州族谱的编纂——宗族扩大组织化的样态,安徽大学徽学研究中心编《徽学》第3卷。

〔韩〕朴元熇:明代中期的徽州商人方用彬,安徽大学徽学研究中心编《徽学》第3卷。

王振忠:少林武术与徽商及明清以还的徽州社会,安徽大学徽学研究中心编《徽学》第3卷。

胡中生:明清徽州的人口结构与经济伦理,安徽大学徽学研究中心编《徽学》第3卷。

汪庆元:明清徽商与杭州崇文书院考述,安徽大学徽学研究中心编《徽学》第3卷。

胡益民:《徽州文献综录》前言[附凡例],安徽大学徽学研究中心编《徽学》第3卷。

方盛良:马曰琯、马曰璐年谱,安徽大学徽学研究中心编《徽学》第3卷。

韩开元:方弘静年谱,安徽大学徽学研究中心编《徽学》第3卷。

刘道胜:论清代徽州方志的发展,安徽大学徽学研究中心编《徽学》第3卷。

王振忠:俞樾眼中的徽州风俗,载朱万曙、卞利主编《戏曲·民俗·徽文化论集》,安徽大学出版社2004年版。

朱恒夫:皖南抄本《泄天机》的文化价值,载朱万曙、卞利主编《戏曲·民俗·徽文化论集》。

孙承平:歙县南乡婚嫁民俗与撒帐歌,载朱万曙、卞利主编《戏曲·民俗·徽文化论集》。

王日根:徽州会馆与徽州戏的播扬,载朱万曙、卞利主编《戏曲·民俗·徽文化论集》。

范金民:明代徽州盐商盛于两淮的时间与原因,《安徽史学》2004年第3期。

王云:明清时期山东运河区域的徽商,《安徽史学》2004年第3期。

夏爱军:明清时期民间迎神赛会个案研究——《祝圣会簿》及其反映的祝圣会,《安徽史学》2004年第6期。

吴媛媛:从粮食事件看晚清徽州绅商的社会作用——以《歙地少请通浙米案呈稿》和《祁米案牍》为例,《安徽史学》2004年第6期。

卞利:清代户籍法的调整与农村基层社会的稳定,《安徽大学学报》2004年第1期。

桑良至:徽州"朝奉"考,《安徽大学学报》2004年第5期。

王振忠:抄本《信书》所见金陵典铺伙计的生活,《古籍研究》2004年卷下,安徽大学出版社2004年版。

陈支平:从程氏《置产簿》看明末清初休宁民间户粮推收之虚实,载氏著《民间文书与明清赋役史研究》,黄山书社2004年版。

四、参考书目

陈支平:清代徽州的赋役册籍与基层实态,载氏著《民间文书与明清赋役史研究》。

王世华:徽商研究:回眸与前瞻,《安徽师范大学学报》2004年第6期。

王旭光:传入朝鲜与韩国的新安医籍,《安徽中医学院学报》第23卷第6期,2004年12月。

陈联:徽商会馆概说,黄山市徽州文化研究院编《徽州文化研究》第2辑,安徽人民出版社2004年版。

章望南:祁门博物馆徽州文书征集及整理概要,黄山市徽州文化研究院编《徽州文化研究》第2辑。

汪柏树:徽州土改后出卖田地的法律凭证——徽州休宁北山乡土改后的田地卖契研究之二,《黄山学院学报》2004年第5期。

俞乃华:徽州文书中的合同文书探析,《黄山学院学报》2004年第5期。

卞利:明清徽州乡(村)规民约论纲,《中国农史》2004年第4期。

刘淼:战前祁门红茶的海外销售与市场价格分析,《中国农史》2004年第4期。

王裕明:近代典当业质铺的经营特点——光绪皖南黟城用和质个案报告,《学海》2004年第3期。

唐力行、徐茂明:明清以来徽州与苏州社会保障的比较研究,《江海学刊》2004年第3期,后收入王卫平主编《明清时期江南社会史研究》,群言出版社2006年版。

李琳琦:明中后期心学在徽州的流布及其原因分析,《学术月刊》2004年第5期。

胡中生:徽州人口社会史研究的理论视野和概念创新,《探索与争鸣》2004年第8期。

唐力行:从杭州的徽商看商人组织向血缘化的回归——以抗战前夕杭州汪王庙为例论国家、民间社团、商人的互动与社会变迁,《学术月刊》2004年第5期。亦收入唐力行主编《国家、地方、民众的互动与社会变迁》,商务印书馆2004年版。

唐力行、申浩:差异与互动:明清时期苏州与徽州的市镇,《社会科学》2004年第1期。

唐力行:明清以来苏州、徽州的区域互动与江南社会的变迁,《史林》2004年第2期。

卜永坚:清代歙县槐塘程氏的文化建构,《史林》2004年第5期。

栾成显:徽学的界定与构建,《探索与争鸣》2004年第7期。

〔日〕臼井佐知子:明清时代之宗族与宗教,《上海师范大学学报》2004年第1期。收入唐力行主编《国家、地方、民众的互动与社会变迁》。

汪庆元:明代徽州"义男"考论,《中国社会经济史研究》2004年第1期。

汪崇篔:徽州典当资本的增值:以程虚宇家族为例,《中国社会经济史研究》2004年第3期。

张哲嘉:明清江南的医学集团——"吴中医派"与"新安医学",载熊月之、熊秉真主编《明清以来江南社会与文化论集》,上海社会科学出版社2004年版。

王振忠:清代、民国时期江浙一带的徽馆研究——以扬州、杭州和上海为例,载熊月之、熊秉真主编《明清以来江南社会与文化论集》。

〔日〕中岛乐章著,顾盼、张纯宁、何昇树译:徽州文书的研究及其展望,台湾《法制史研究》第6期,2004年。

倪琪、菊地成朋:中国徽州地方の伝統的住居の空間構成とその形態的特徴—安徽省黄山市徽州区"呈坎村"の調査研究 その1—,《日本建筑学会計画系论文集》第575号,2004年1月30日。

倪琪、菊地成朋:徽州地方の伝統的集落における水利システムと親水空間,《都市・建筑学研究:九州大学大学院人间环境学研究院纪要》第6号,2004年7月。

周绍泉、落合恵美子、侯杨方:中国明代黄冊の歴史人口学的分析——万暦徽州黄冊底籍に見る世带・婚姻・承継——,佐藤康行、清水浩昭、木佐木哲朗编《変貌する東アジアの家族》,东京,早稻田大学出版部,2004年2月。

熊远报:清民国期における徽州村落社会の銭会文書,21世纪COEプログラム"史資料ハブ地域文化研究拠点"総括班编:《史資料ハブ地域文化研究》第6号,2004年3月。

熊远报:黄墩伝説と徽州地域における祖先史の再構成,《アジア遊学》第67号"族譜—家系と伝説—"專号,东京:勉诚出版,2004年9月。

〔日〕中岛乐章:史料紹介:徽州文書にみる明代中国の社会,《歴史と地理》第574号,东京,山川出版社,2004年5月。

〔日〕井上充幸:徽州商人と明末清初の芸術市場—吴其贞《書画記》を中心に—,《史林》第87卷第4号,2004年7月。

〔日〕金沢阳:明代景徳鎮民窯磁器の全国市場—明代後期徽商の活動といくつかの陶磁需要について—,《出光美术馆研究纪要》第10号,2004年12月。

〔韩〕金仙憓:明中期地方的诉讼办理和里老——以徽州府祁门县"谢氏纷争"为中心,韩国《东洋史学研究》(86),2004年。

2005年

刘朝晖:嘉庆八、九年间浙江截米案探析,《内蒙古大学学报》2005年第4期。

栾成显:明清徽州宗族的异姓承继,《历史研究》2005年第3期。

万明:明代徽州汪公入黔考——兼论贵州屯堡移民社会的建构,《中国史研究》2005年第1期。

许敏:试析明代后期江南商贾及其子弟的文人化现象——从方用彬谈起,《中国史研究》2005年第3期。

刘秋根:明清徽商工商业铺店合伙制形态——三种徽商帐簿的表面分析,《中国经济史研究》2005年第5期。

四、参考书目

江巧珍、孙承平:徽州盐商个案研究:《疏文誓章稿》剖析,《清史研究》2005年第1期。

李琳琦:徽商与徽州的学术思想,《历史档案》2005年第2期。

刘道胜:正统化的学术活动与地方性的知识积累——以徽州方志编修为中心,《历史档案》2005年第4期。

汪庆元:明代粮长制度在徽州的实施,《中国社会经济史》2005年第2期。

汪庆元:《新安蠹状》探析,《文献》2005年第3期。

王国键:徽州文书发现的来龙去脉,《中国档案》2005年第7期。

朱万曙:《徽郡风化将颓宜禁说》所见徽班资料,《戏曲研究》2005年第2期。

张长虹:晚明徽商与苏州艺术市场关系研究,《新美术》2005年第3期。

常建华:程敏政《新安程氏统宗世谱》谱学问题初探,《河北学刊》2005年第6期。

栾成显:明清契约文书的研究价值,《史学月刊》2005年第12期。

何建木:徽州木商世家——婺源西冲俞氏,《寻根》2005年第6期。

吕锡生:程敏政鬻题辨析,中国历史文献研究会、安徽省古籍整理出版办公室编《明清安徽典籍研究》,黄山书社2005年版。

沈振辉:徽商与民间收藏的发展,中国历史文献研究会、安徽省古籍整理出版办公室编《明清安徽典籍研究》。

汪受宽:巩昌汪氏与徽州汪氏的通谱,中国历史文献研究会、安徽省古籍整理出版办公室编《明清安徽典籍研究》。

余亚青:黄山市档案馆藏徽州历史档案特点,安徽省徽学学会编《徽学丛刊》第3辑,2005年12月。

余坚:休宁县档案馆土地赋税档案简介,安徽省徽学学会编《徽学丛刊》第3辑。

王升文、陈琪:祁门县图书馆藏典籍文献举要,安徽省徽学学会编《徽学丛刊》第3辑。

王裕明:徽州典商研究述评,安徽省徽学学会编《徽学丛刊》第3辑。

叶舟:危机时期的士绅与地方:以休宁金声为例,《安徽史学》2005年第1期。

刘淼:民国时期祁门红茶贷款案与银企关系的建立——关于上海金融资本对周边产业经济之控制,《安徽史学》2005年第2期。

王振忠:《汪作黼同年哀挽录》中的徽州典商事迹,《安徽史学》2005年第2期。

陈琪:祁门县明清时期民间民俗碑刻调查与研究,《安徽史学》2005年第3期。

王国键:光绪徽商护票及其价值,《安徽史学》2005年第3期。

陈瑞:制度设计与多维互动:清道光年间徽州振兴科考

的一次尝试——以《绩溪捐助宾兴盘费规条》为中心的考察,《安徽史学》2005年第5期。

王裕明:《仁峰集》与明中叶徽州社会,《安徽大学学报》2005年第5期。

汪庆元:《癸巳类稿》汪南士校本,《古籍研究》,安徽大学出版社2005年版。

桑良至:长塘鲍氏藏书世家,《江淮文史》2005年第1期。

范金民:清代徽商与经营地民众的纠纷——六安徽州会馆案,《安徽大学学报》2005年第5期。

卞利:明清时期婚姻立法的调整与基层社会的稳定,《安徽大学学报》2005年第6期。

李琳琦:略论郑玉的教育思想,《安徽师范大学学报》2005年第1期。

王振忠:徽州女童的战争日记,《安徽师范大学学报》2005年第2期。

王世华:双子星座:徽商、晋商比较研究,《安徽师范大学学报》2005年第6期。

栾成显:徽州鱼鳞图册文书的遗存及其研究价值,《黄山学院学报》2005年第1期。

方光禄:清末民初的徽州社会互助,《黄山学院学报》2005年第2期。

徐越、方光禄:清末和民国徽州民间的经济互助——以徽州会书为中心,《黄山学院学报》2005年第2期。

江巧珍、孙承平:徽州商业启蒙书《日平常》的补充研究,《黄山学院学报》2005年第4期。

方任飞:黄山名称考辨,《徽州社会科学》2005年第1期。

江志伟:余庭光——"中国历史文化第五大发现"的第一功臣,《徽州社会科学》2005年第5期。

卞利:明清典当和借贷法律规范的调整与乡村社会的稳定,《中国农史》2005年第4期。

王振忠:民间文献与历史地理研究,《江汉论坛》2005年第1期。

张长虹:晚明徽商对艺术品的赞助与经营,《美术史与观念史》第4卷,南京师范大学出版社2005年版。

王世华、李锦胜:明清徽商与新安画派,《学术月刊》2005年第1期。

唐力行:20世纪上半叶中国宗族组织的态势——以徽州宗族为对象的历史考察,《上海师范大学学报》2005年第1期。

王振忠:清代徽州典铺伙计之信函汇集,《历史文献》第9辑,上海古籍出版社2005年版。

王振忠:从新发现的徽州文书看"叫魂"事件,《复旦学报》2005年第2期。

李琳琦、宗韵:明清徽商妇教子述论,《华东师范大学学报》(教育科学版)2005年第3期,后收入田澍、王玉祥、杜常顺主编《第十一届明史国际学术讨论会论文集》,天津古籍出版社2007年版。

唐力行、王健:多元与差异:苏州与徽州民间信仰比较,《社会科学》2005年第3期。

〔韩〕洪性鸠:明代中期徽州的乡约与宗族的关系——以祁门县文堂陈氏乡约为例,《上海师范大学学报》2005年第2期。

王振忠:明清以来汉口的徽商与徽州人社区,李孝悌编《中国的城市生活》,台北,联经出版事业股份公司2005年版。

卞利:清代中期棚民对徽州山区生态环境和社会秩序的影响,倪根金主编《生物史与农史新探》,台北,万人出版社2005年版。

胡中生:凭族理说与全族谊:宗族内部民事纠纷的解决之道——以清光绪年间黟县宏村汪氏店屋互控案为例,《济南大学学报》2005年第6期。又载台湾《法制史研究》2005年第8期。

唐立宗:省区改划与省籍情结——1934年至1945年婺源改隶事件的个案分析,胡春惠、薛化元主编《中国知识分子与近代社会变迁》,台北,政治大学历史学系;香港,香港珠海书院亚洲研究中心,2005年。

王振忠:徽州村落文書の形成,人間文化研究機構国文学研究資料館档案研究系编《近世東アジアにおける組織と文書》,東京,2005年3月。中文本摘要发表于《社会科学》2008年第3期。

〔日〕臼井佐知子:明代徽州における族譜の編纂—宗族の拡大組織下の様相—,井上彻、远藤隆俊编《宋—明宗族の研究》,东京,汲古书院,2005年3月。

〔日〕中岛乐章:元朝統治と宗族形成—東南山間部の墳墓問題をめぐって—,井上彻、远藤隆俊编《宋—明宗族の研究》。

熊远报:宗族資産の成立と展開—明清期、徽州洪氏光裕会を中心として—,井上彻、远藤隆俊编《宋—明宗族の研究》。

〔日〕田仲一成:明代徽州宗族の社祭組織と里甲制,井上徹、遠藤隆俊編《宋—明宗族の研究》。

〔日〕铃木博之:明代徽州府の戸と里甲制,井上徹、遠藤隆俊編《宋—明宗族の研究》。

〔日〕宫纪子:徽州文書新探—《新安忠烈廟神紀實》より—,《东方学报》第77册,2005年3月。

〔日〕山根直生:唐宋間の徽州における同族結合の諸形態,《历史学研究》第804号,2005年8月。中译文《唐宋之间徽州同族结合的诸类型》,载安徽大学徽学研究中心编《徽学》第4卷,2006年版。

〔日〕臼井佐知子:徽州文献研究プロジェクト,21世纪COEプログラム"史資料ハブ地域文化研究拠点"総括班編:《史資料ハブ地域文化研究》第6号,2005年9月。

〔日〕宫纪子:徽州文書にのこる衍聖公の命令書,《史林》第88卷第6号,2005年11月。

〔日〕中岛乐章:村の识字文化,《历史评论》2005年7月号。

〔韩〕金仙憓:明后期乡村组织的变化和诉讼办理——以徽州地域为中心,韩国《中国史研究》38,2005年。

2006年

王振忠:明清文献中"徽商"一词的初步考察,《历史研究》2006年第1期。

汪庆元:清代徽州鱼鳞图册研究——以《休宁县新编弓口鱼鳞现业的名库册》为中心,《历史研究》2006年第4期。

栾成显:诸子均分制与家庭经济变动——《乾隆黟县胡氏阄书汇录》研究,《中国史研究》2006年第4期。

栾成显:明清文书档案反映的农民家庭规模,《中国人口科学》2006年第1期。

汪崇筼:清代徽州土地与商业投资回报率的比较,《清史研究》2006年第1期。

汪庆元:通过鱼鳞图册看明清时期的土地所有关系——以徽州府为中心,《历史档案》2006年第1期。

吴展:明代户帖的史料价值与版本价值,《中国史研究动态》2006年第9期。

范金民:明代地域商帮兴起的社会背景,《清华大学学报》2006年第5期。

王振忠:太平欢乐图——盛清画家笔下的日常生活图景(上、下),《读书》2006年第11、12期。

冯建至:婺源县溪头乡下呈村丧葬仪式考察报告,《中国音乐学》2006年1期。

张长虹:明末清初江南艺术市场与艺术交易人,《故宫博物院院刊》2006年2期。

王振忠:"徽州朝奉"与"绍兴师爷"——读《萧山长潭鲍氏宗谱》札记,《谱牒学论丛》第1辑,山西古籍出版社2006年版。

黄国信、温春来:新安程氏统宗谱重构祖先谱系现象考,《史学月刊》2006年第7期。

林济:汪道昆的谱本宗与宗法收族理论,《史学月刊》2006年第7期。

胡中生:钱会与近代徽州社会,《史学月刊》2006年第9期。

何建木:徽州墨商世家:婺源虹关詹氏,《寻根》2006年第4期。

邱淑如:新安医学的社会价值观和科学基础:帝国时期的中国徽州医学典籍个案研究,收入傅汉思、莫克莉、高宣主编《中国科技典籍研究:第三届中国科技典籍国际会议论文集》,大象出版社2006年版。

〔韩〕金美荣:韩国和中国宗族惯行的比较考察——以安东地区和徽州地区为中心,安徽大学徽学研究中心编《徽学》第4卷,2006年版。

〔韩〕郑义雨:安东与徽州地区古文书的概况,安徽大学徽学研究中心编《徽学》第4卷。

〔韩〕林鲁直:安东和徽州的木板印刷比较,安徽大学徽学研究中心编《徽学》第 4 卷。

〔韩〕刘明基:中国徽州的古民宅和村落——兼与安东地区的比较,安徽大学徽学研究中心编《徽学》第 4 卷。

卞利:明清徽州的会社规约研究,安徽大学徽学研究中心编《徽学》第 4 卷。

卜永坚:盐商·盐官·宗族——以黟县弘村汪氏宗族为中心,安徽大学徽学研究中心编《徽学》第 4 卷。

郑小春:明清徽州汪氏祠墓纠纷初探,安徽大学徽学研究中心编《徽学》第 4 卷。

蒋海波:歙县旅日华侨张友深的研究,安徽大学徽学研究中心编《徽学》第 4 卷。

廖庆六:论始迁祖:从胡适一篇谱序谈起,安徽大学徽学研究中心编《徽学》第 4 卷。

王鹤鸣:试论徽州谱牒的体与魂,安徽大学徽学研究中心编《徽学》第 4 卷,又载《复旦学报》2006 年第 1 期。

胡中生:近代徽州钱会的类型与特点,安徽大学徽学研究中心编《徽学》第 4 卷。

陈晨:清代徽州女性诗歌创作概貌,安徽大学徽学研究中心编《徽学》第 4 卷。

李东海:程嘉燧年谱,安徽大学徽学研究中心编《徽学》第 4 卷。

汪庆元:徽州的家族文献与宗族文化——以歙县吴氏《冲山家乘》为中心,《安徽史学》2006 年第 1 期。

邹怡:徽州佃仆制研究综述,《安徽史学》2006 年第

1期。

俞乃华:清至民国时期徽州无契土地房屋所有权认定考略,《安徽史学》2006年第3期。

廖华生:清代蚺城的约保,《安徽史学》2006年第5期。

王振忠、陶明选:晚清徽州民间社会生活管窥——《新旧碎锦杂录》抄本两种整理札记,《安徽史学》2006年第5期。

鲍义来:徽州收藏漫录(之一),《徽学》(内部资料)2006年第1期(创刊号),2006年6月。

鲍义来:徽州收藏漫录(之二),《徽学》(内部资料)2006年第2期。

汪柏树:徽州的土地买卖与"一田二主",黄山学院徽州文化研究所编《徽州学研究》第1卷,中国文史出版社2006年版。

陈琪:祁门县马山村叶氏叙伦堂乙酉年春祭活动考察报告,黄山学院徽州文化研究所编《徽州学研究》第1卷。

郑小春:明清时期徽州婚姻探析,黄山学院徽州文化研究所编《徽州学研究》第1卷。

〔法〕米盖拉:徽派版画与欧洲影响,黄山学院徽州文化研究所编《徽州学研究》第1卷。

江巧珍、孙承平:徽语区方言与《乡音字汇》,黄山学院徽州文化研究所编《徽州学研究》第1卷。

徐子超:绩溪坊市乡都及土地经理字号考存,黄山学院徽州文化研究所编《徽州学研究》第1卷。

胡萍、方任飞:祁门洪家大屋官厅太平军人题字考略,黄山学院徽州文化研究所编《徽州学研究》第1卷。

韩开元:方弘静交游考述,黄山学院徽州文化研究所编《徽州学研究》第1卷。

王振忠:稿本《南旋日记》与胡雪岩籍贯之争的再探讨,《徽州社会科学》2006年第4期。

王振忠:清代前期徽州民间的日常生活——以婺源民间日用类书《目录十六条》为例,载陈锋主编《明清以来长江流域社会发展史论》,武汉大学出版社2006年版。

唐力行:从徽学研究看区域化的中国近代史研究,《学术月刊》2006年第3期。

唐力行、申浩:地方记忆与江南社会生活图景——评《上海乡镇旧志丛书》,《社会科学》2006年第1期。

王振忠:晚清民国时期江南城镇中的徽州木商——以徽商章回体自传小说《我之小史》为例,载上海社会科学院《传统中国研究集刊》第2辑,上海人民出版社2006年版。

王振忠:徽商章回体自传《我之小史》的发现及其学术意义,《史林》2006年第5期。

卞利:明清徽州的宗族管理、经济基础及其祭祀仪式,《社会科学》2006年第6期。

王振忠:从《应星日记》看晚明清初的徽州乡土社会,《社会科学》2006年第12期。

范金民:清代徽州盐商的销盐纠纷与诉讼,《中国社会经济史研究》2006年第2期。

伍巍、王媛媛:徽州方言的小称研究,《语言研究》2006

卞利:明清徽州村规民约和国家法之间的冲突与整合,《华中师范大学学报》2006年第1期。

栾成显:《康熙休宁县保甲烟户册》研究,《西南大学学报》2006年第6期。

王瑛:苏州的徽籍藏书世家,天一阁博物馆编《天一阁文丛》第3辑,宁波出版社2006年版。

薛贞芳、鲁燕:徽州宗族藏书文化试析,天一阁博物馆编《天一阁文丛》第4辑,2006年版。

齐琨:论仪式音乐的程式——以徽州礼俗仪式音乐为例,《艺苑》2006年第2期。

(台)王鸿泰:雅俗的辩证——明代赏玩文化的流行与士商关系的交错,《新史学》第17卷第4期,2006年12月。

韩宁平、熊远报:商人的妻子——20世纪徽州的妇女调查,早稻田大学理工学部复合领域人文社会科学研究会《人文社会科学研究》第46号,2006年3月。

王振忠撰,长谷川贤、臼井佐知子译:清代徽州におけるある小農家庭の生活状况——《天字号阄书》に対する考察,21世紀COEプログラム"史資料ハブ地域文化研究拠點"総括班編:《史資料ハブ地域文化研究》第7号,2006年3月。后收入日本国文学研究资料馆アーカイブズ研究系编《中近世アーカイブズの多国間比較》(日本,东京,岩田书院2009年版)。中文本另节略发表于《上海师大学报》2006年第1期。

翟屯建著,增田真意子、臼井佐知子译:徽州文書の由来、発見、収蔵と整理,21世紀COEプログラム"史資料ハブ地域文化研究拠点"総括班編《史資料ハブ地域文化研究》第7号。

阿风著,臼井佐知子译:明清徽州訴訟文書の分類,21世紀COEプログラム"史資料ハブ地域文化研究拠点"総括班編《史資料ハブ地域文化研究》第7号。后收入日本国文学研究资料馆アーカイブズ研究系編《中近世アーカイブズの多国間比較》。

〔日〕井上充幸:姜紹書と王越石——《韻石齋筆談》に見る明末清初の藝術市場と徽州商人の活動——,《东洋史研究》第64卷第4号,2006年3月。

〔日〕中島乐章:累世同居から宗族形成へ——宋代徽州の地域開発と同族結合——,平田茂树、远藤隆俊、冈元司编《宋代社会の空間とコミュニケーション》,东京,汲古书院2006年版。中译本见《宋代社会的空间与交流》,河南大学出版社2008年版。

〔韩〕权仁溶:明末徽州粮长制变迁,韩国《明清史研究》(26),2006年。

〔韩〕曹永宪:康熙帝和徽商的遭遇——以歙县岑山渡程氏为中心,韩国《东洋史学研究》(97),2006年。

〔韩〕曹永宪:从17世纪小说看徽州商人的对外进出及其当面课题,韩国《明清史研究》(26),2006年。

〔韩〕曹永宪:明清时代水神祠庙与徽州商人,韩国《大丘史学》(85),2006年。

2007年

汪庆元:清代顺治朝土地清丈在徽州的推行,《中国史研究》2007年第3期。

栾成显:赋役黄册与明代等级身份,《中国社会科学院研究生院学报》2007年第1期。收入田澍、王玉祥、杜常顺主编《第十一届明史国际学术讨论会论文集》,天津古籍出版社2007年版。

栾成显:明代人口统计与黄册制度的几个问题,中国社会科学院历史研究所明史研究室编《明史研究论丛》第7辑,紫禁城出版社2007年版。

阿风:卖身"婚书"考,中国社会科学院历史研究所明史研究室编《明史研究论丛》第7辑。

朱万曙:丛睦《汪氏遗书》与汪氏文学家族,《文献》2007年第4期。

白谦慎、薛龙春:尘事的史迹,《读书》2007年第1期。

王振忠:18世纪一个贡生眼中的徽州社会——关于《澂潭山房古文存稿》的史料价值,《天津社会科学》2007年第1期。

章毅:迁徙与归化——《新安名族志》与明代家谱文献的解读,田澍、王玉祥、杜常顺主编《第十一届明史国际学术讨论会论文集》,天津古籍出版社2007年版。

叶显恩:徽商的历史性贡献,田澍、王玉祥、杜常顺主编《第十一届明史国际学术讨论会论文集》。

卞利:明清徽州乡村基层社会组织结构初探,田澍、王玉祥、杜常顺主编《第十一届明史国际学术讨论会论文集》。

陈瑞:朱熹《家礼》与明清徽州宗族以礼治族的实践,《史学月刊》2007年第3期。

王振忠:寻根途上的徽州人,《寻根》2007年第1期。

陈学文:明清徽商的经营理念和宗亲情结——以叶向高《新安里记》为中心,《天中学刊》2007年第3期。

徐建平:互动:政府意志与民众意愿——以民国时期婺源返皖运动为例,《中国历史地理论丛》2007年第1期。

吴媛媛、何建木:晚清徽州社会救济体系初探——以光绪三十四年水灾为例,《中国历史地理论丛》2007年第2期。

邵凤芝:从两件投靠应役文书看清代徽州庄仆制度,《文博》2007年第6期。

胡益民:汪道昆著述及版本源流考,载氏著《文史论荟》,安徽大学出版社2007年版。

胡益民:汪道昆与《天都外臣序》作者问题考辨,载氏著《文史论荟》。

王日根:明清徽州商人的家族观念及其超越,《安徽史学》2007年第1期。

陈瑞:明清时期徽州宗族社会关系控制初探,《安徽史学》2007年第1期。

林济:程敏政"冒祖附族"说考辨,《安徽史学》2007年第2期。

王振忠、王娜:作为启蒙读物的徽州书信活套——刊本

《汪大盛新刻详正汇采书信要言》介绍,《安徽史学》2007年第3期。

王裕明:明代前期的徽州商人,《安徽史学》2007年第4期。

冯剑辉:徽州宗族历史的建构与冲突——以黄墩叙事为中心,《安徽史学》2007年第4期。

胡中生:清代徽州族谱对女性上谱的规范,《安徽大学学报》2007年第1期。

卞利:明清徽州经济活动中的乡例举隅,《安徽大学学报》2007年第1期。

周致元:明代徽州官府与宗族的救荒功能,《安徽大学学报》2006年第1期。

冯剑辉:曾国藩"纵兵大掠"徽州考辨——兼论徽州咸同兵燹,《安徽大学学报》2007年第2期。

郑小春:汪氏祠墓纠纷所见明清徽州宗族统治的强化,《安徽大学学报》2007年第4期。

栾成显:明代黄册归户底籍二种,《安徽大学学报》2007年第5期。

鲍义来:黄宾虹的徽州收藏——徽州收藏漫录(之三),《徽学》(内部资料)2007年第1期,2007年6月。

郑小春:明清徽州诉讼文书的遗存及其特点,《巢湖学院学报》2007年第1期。

汪柏树:徽州歙县瞻淇的王祖祭,《安徽师范大学学报》2007年第2期。

刘道胜:明清徽州民间契约关系的维系,《安徽师范大学学报》2007年第2期。

陈瑞:明清时期徽州宗族内部的社会程序控制,《安徽师范大学学报》2007年第2期。

史五一、杜敏:徽州文会个案研究——以民国《呈坎潨川文会簿》为中心,《安徽师范大学学报》2007年第6期。

陈琪:清末徽州民间宗谱纂修活动初探——以光绪二十三年祁门竹源陈氏文书为例,黄山学院徽州文化研究所编《徽州学研究》第2卷,中国文史出版社2007年版。

汪柏树:民国徽州休宁的金票,黄山学院徽州文化研究所编《徽州学研究》第2卷。

方任飞:嘉庆十七年祁门县"毁碑混占"案始末,黄山学院徽州文化研究所编《徽州学研究》第2卷。

吴善中:徽州文书中的哥老会事件考释,《黄山学院学报》2007年第4期。

方光禄:清末徽淳边江湖术士的隐语结构及生活世界——以抄本《江湖备用切口》为中心,《黄山学院学报》2007年第4期。

胡益民:《太函集》、《太函副墨》的版本和史料价值,黄山学院徽州文化研究所编《徽州学研究》第2卷。

孙承平、孙海峰:徽州民谣和徽州未刊竹枝词,黄山学院徽州文化研究所编《徽州学研究》第2卷。

张小平:李日华的两次齐云之行,黄山学院徽州文化研究所主办《徽州文化研究》第2卷。

汪承洋、王汉义、刘璇:安徽省祁门县马山目连戏现状调查报告,黄山学院徽州文化研究所主办《徽州文化研究》第2卷。

江巧珍、孙海峰:徽州方言与《乡音》韵书,《黄山学院学报》2007年第4期。

方孝坤:徽州古文书词语考释,《湖北民族学院学报》2007年第6期。

卞利:明清时期民事诉讼立法的调整与农村基层社会的稳定,《江海学刊》2006年第1期。

陈瑞:明清时期徽州宗族的内部救济,《中国农史》2007年第1期。

赵赟:强势与话语:清代棚民历史地位之反思,《中国农史》2007年第3期。

吴媛媛:明清徽州的水旱灾害与粮食种植,《古今农业》2007年第2期。

王振忠:寄往上海安亭镇的晚清徽州典商信札考释,《亚洲研究集刊》第3辑,复旦大学出版社2007年版。

唐力行:"千丁之族,未尝散处":动乱与徽州宗族记忆系统的重建——以徽州绩溪县宅坦村为个案的研究,《史林》2007年第2期。

傅为群:从徽州到上海——晚清茶商"洋庄落地税照"解读,《上海文博》2007年第2期。

丁治民:宋代徽语考,《古汉语研究》2007年第1期。

郑小娟:《乾隆十六年黄炽等立阄分合同》所见徽商典当

资本研究,《福建师范大学学报》2007年第5期。

陈瑞:明清时期宗族祠堂的控制功能,《中国社会经济史研究》2007年第1期。

章毅:元明之际徽州地方信仰的宗族转向:以婺源大畈知本堂为例,香港中文大学中国文化研究所《中国文化研究所学报》2007年第47期。

〔日〕中岛乐章:明代中期徽州農民の家産分割——祁門縣三都の凌氏,《山根幸夫教授追悼記念論丛》"明代中国の历史的位相"上卷,汲古书院2007年版。中译文载安徽大学徽学研究中心编《徽学》第5卷,安徽大学出版社2008年版。

卞利:明清徽州宗族公约序说,大阪市立大学东洋史研究室编:《文献資料学の新たな可能性2》,大阪市立大学东洋史研究室,2007年6月。

卞利:徽州碑刻の時間と地域分布およびその学術的価值,《高知大学学术研究报告·人文科学编》第56号,2007年12月。

〔韩〕曹永宪:明末清初善堂善会和徽州商人——以两淮地域的运河都市为中心,《中国史研究》(47),2007年。

2008年

王振忠:晚清民国时期的徽州宗族与地方社会——黟县碧山何氏之《族事汇要》研究,《社会科学战线》2008年第4期。

黄志繁、邵鸿:晚清至民国徽州小农生产与生活——对五本婺源县排日账的分析,《近代史研究》2008年第2期。

王涛:也谈王茂荫《再议钞法折》:兼论对文献的辨析,《中国经济史研究》2008年第3期。

楼一飞:王茂荫纸币思想新论,《清华大学学报》2008年第6期。

春杨:从徽州私约看晚清民间纠纷调解的规则与秩序,《明清论丛》第8辑,紫禁城出版社2008年版。

朱万曙:明清徽商的壮大与文学的变化,《文学遗产》2008年第2期。

桑良至:珍贵的徽商经营档案——咸丰年间经商账簿,《大学图书馆情报学刊》2008年第1期。

章毅:理学社会化与元代徽州宗族观念的兴起,《中国社会历史评论》第9卷,天津古籍出版社2008年版。

陈支平:《新安蠹状》所见明代后期徽州的条鞭法相关史料,安徽大学徽学研究中心编《徽学》第5卷,安徽大学出版社2008年版。

何建木:婺源墨作、墨商的分布与徽墨产销,安徽大学徽学研究中心编《徽学》第5卷。

邹怡:产权视角下的徽州茶农经济,安徽大学徽学研究中心编《徽学》第5卷。

徐松如:抗战时期国民政府的物价管制与徽州社会——以国统区歙县地区为例,安徽大学徽学研究中心编《徽学》第5卷。

卜永坚:明清徽州程元谭墓地的纠纷:以《新安程氏家乘》为中心,安徽大学徽学研究中心编《徽学》第5卷。

陈瑞:明清时期徽州宗族祖茔的控制功能,安徽大学徽学研究中心编《徽学》第5卷。

胡中生:徽州的族会与宗族建设,安徽大学徽学研究中心编《徽学》第5卷。

陶明选:张王、太子及相关诸神——徽州文书所见民间诸神信仰,安徽大学徽学研究中心编《徽学》第5卷。

吴媛媛:明清徽州虎患略论,安徽大学徽学研究中心编《徽学》第5卷。

张小坡:发展与困局:清末徽州新式教育运作实态论述,安徽大学徽学研究中心编《徽学》第5卷。

卞利:明清时期徽州族谱的纂修及刊刻等相关问题研究,安徽大学徽学研究中心编《徽学》第5卷。

王振忠:从《歙县修志私议》到民国《歙县志》——有关徽州方志史家许承尧的新史料之研究,安徽大学徽学研究中心编《徽学》第5卷。

阿风:明清徽州诉讼文书的分类,安徽大学徽学研究中心编《徽学》第5卷。

郑小春:明清徽州案卷文书述略,安徽大学徽学研究中心编《徽学》第5卷。

罗季重整理:《渐江资料集》编辑出版前后——罗长铭与汪世清关于《渐江资料集》的通信,安徽大学徽学研究中心编《徽学》第5卷。

赵华富:古风犹存的徽州名族——黟县南屏叶氏宗族调查研究报告,安徽大学徽学研究中心编《徽学》第5卷。

王振忠:从谱牒史料谈徽州墨商的几个问题——以光绪戊戌环川〈(璁公房修)詹氏支谱〉为中心,《安徽史学》2008年第1期。

廖华生:士绅阶层地方霸权的建构和维护——以明清婺源的保龙诉讼为考察中心,《安徽史学》2008年第1期。

郑小娟:尝试性分业与阶段性继业——《崇祯二年休宁程虚宇立分书》所见典当资本继承方式研究,《安徽史学》2008年第2期。

刘道胜:明清徽州宗族的分房和轮房,《安徽史学》2008年第2期。

吴媛媛:明清徽州水旱灾害研究,《安徽史学》2008第4期。

林济:程敏政统宗谱法与徽州谱法发展,《安徽史学》2008年第4期。

陈瑞:清代徽州族长的权力简论,《安徽史学》2008年第4期。

张小坡:清末徽州新式教育经费的筹措与配置研究,《安徽史学》2008年第5期。

陈瑞:明清时期徽州宗族对族人的职业控制,《安徽大学学报》2008年第4期。

王旭光:从日本回传的两种新安医籍评介,《安徽中医学院学报》第27卷第5期,2008年10月。

汪兴毅、管欣:徽州古民宅木构架类型及柱的营造,《安徽建筑工业学院学报》(自然科学版)2008年第2期。

李琳琦:明清小说与历史文献中的徽商形象之比较,《安徽师范大学学报》2008年第2期。

刘道胜:明清徽州的民间调处及其演变:以文书资料为中心的考察,《安徽师范大学学报》2008年第4期。

吴媛媛:明清以来徽州的雹、冷、风与地震灾害概述,《黄山学院学报》2008年第1期。

张晓婧、李琳琦:明代凤阳府和徽州府书院发展之比较,《黄山学院学报》2008年第2期。

冯剑辉:明清徽商脱贾入儒研究——以歙县长龄郑氏为中心,《黄山学院学报》2008年第4期。

方光禄:"汉洞"考,《黄山学院学报》2008年第4期。

夏爱军、许彩丽:明清时期徽州地区迎神赛会组织的组织结构及其资产运作分析:以休宁祝圣会及《祝圣会会簿》为中心,《黄山学院学报》2008年第6期。

何建木:徽州木商俞子良的商业经营,《徽州社会科学》2008年第3期。

何朝云:武义的徽州会馆与徽商,《徽州社会科学》2008年第7期。

刘道胜:明清徽州的"公匣"制度,《中国农史》2008年第1期。

郑小春:明清徽州宗族与乡村治理:以祁门康氏为中心,《中国农史》2008年第3期。

王裕明:明清商人分家中的分产不分业与商业经营——以明代程虚宇兄弟分家为例,《学海》2008年第6期。

陶明选:徽州宗族的内神与外神信仰:以族谱为中心的初步考察,《江南大学学报》2008年第5期。

陈学文:明清时期徽商在浙江衢州,《史林》2008年第4期。

廖华生:官府、士绅与庙学的修建:明清时期婺源庙学的个案考察,《中国社会经济史研究》2008年第2期。

陈瑞:蒙元时期安徽地区的商业,《中国社会经济史研究》2008年第3期。

〔韩〕曹永宪:徽州商人的淮、扬进出和水神祠庙,刘海平主编《文化自觉与文化认同:东亚视角(中国哈佛—燕京学者第六届学术会议论文选编)》,上海外语教育出版社2008年版。

卞利:作为村规民约的明清徽州族规家法初探,上海社会科学院编《传统中国研究集刊》第4辑,上海人民出版社2008年版。

王振忠:明清以来的徽州日记及其学术价值,上海社会科学院编《传统中国研究集刊》第4辑。

王振忠:历史地名变迁的社会地理背景——以明清以来的皖南低山丘陵为中心,载郑培凯、陈国成主编《史迹·文献·历史:中外文化与历史记忆》,广西师范大学出版社2008年版。部分摘要分别发表于《上海师范大学学报》2008年第3期、唐力行主编《江南社会历史评论》第1期(商务印书馆2009年版)

唐力行:超越地域的疆界:有关区域和区域比较研究的

若干思考,《史林》2008年第6期。另见《江南社会历史评论》第1期。

唐力行:重构徽州基层社会的宗族结构与生活实态——徽州文书《亲逊堂宗族会议录》的解读,《传统中国研究集刊》第5辑,上海人民出版社2008年版。

王振忠:万历《歙志》所见明代商人、商业与徽州社会,《传统中国研究集刊》第5辑。

严奇岩:古水利工程何以600年不衰——安顺鲍屯水利考察记,西南大学历史地理研究所编《中国人文田野》第2辑,巴蜀书社2008年版。

蒋明军:从清代小说看扬州盐商的经营状况和盐业政策,《盐业史研究》2008年第4期。

宾长初、汪崇筼:清代徽商资本诸问题探析:以《徽州文书》第一辑为依据,《广西师范大学学报》2008年第1期。

常建华:16世纪初的徽州宗族与习俗——以《新安毕氏族谱》为例,《东吴历史学报》第19期,2008年6月。

石立善:朝鲜古写徽州本《朱子语类》について——兼ねて语类体の形成を论ずる,《日本中国学会报》第60集,日本中国学会,2008年。

〔日〕田仲一成:明清徽州の農村演劇—宗教・鬼・亡霊(平成一九年度秋期東洋学講座講演要旨(五〇〇回記念講演)),《东洋学报》第89卷第4号,2008年3月。

〔日〕山根直生:宋元明の徽州における黄墩移住伝説,《九州大学东洋史论集》第36号,2008年3月。

〔韩〕权仁溶:从《茗洲吴氏家记》看明中期徽州的里甲制,韩国《明清史研究》(30),2008年。中译本另见唐力行主编《江南社会历史评论》第1期,商务印书馆2009年版。

〔韩〕金仙憓:通过诉讼考察明代女性地位的一面,韩国《中国史研究》(55),2008年。

2009年

王振忠:清代江南徽州典当商的经营文化:哈佛燕京图书馆所藏典当秘籍四种研究,《中国学术》第25辑,商务印书馆2009年版。

汪庆元:清初徽州的"均图"鱼鳞册研究,《清史研究》2009年第2期。

陈瑞:元代徽州宗族祖茔规约二则释读,《史学史研究》2009年第1期。

蒲霞:《永乐大典》本《徽州府新安志》编修时间考,《中国地方志》2009年第3期。

史五一:试析明清徽州会社的功能与作用,《中国地方志》2009年第11期。

谈家胜:国家图书馆所藏徽州家谱的特点与价值,《历史档案》2009年第2期。

吴秉坤:清至民国徽州田宅典当契探析:兼与郑力民先生商榷,《中国经济史研究》2009年第1期。

张则桐:明末清初的松萝茶,《中国典籍与文化》,2009年第2期。

刘道胜:公匦制度与明清徽州民间文书的保存,《图书馆杂志》2009年第2期。

张晓峰、何广龙:徽州文书数字图书馆元数据标准设计,《图书馆工作与研究》2009年第12期。

林济:"专祠"与宗祠——明中期前后徽州宗祠的发展,《中国社会历史评论》第10卷,2009年。

郑小春:从清初苏氏诉讼案看徽州宗族内部的矛盾与分化,《史学月刊》2009年第3期。

栾成显:改革开放以来徽学研究的回顾与展望,《史学月刊》2009年第6期。

王振忠:清末徽州学生的《庚戌袖珍日记》,《安徽史学》2009年第1期。

范金民、罗晓翔:清代江南棉布字号的竞争应对之术,《安徽史学》2009年第2期。

郑小春:清代陋规及其对基层司法和地方民情的影响——从徽州讼费帐单谈起,《安徽史学》2009年第2期。

梁诸英:契约与民生:清代徽州棚民长期存在之反思,《安徽史学》2009年第3期。

徐国利:阳明心学的世俗化伦理观与明清徽商伦理思想的转换和建构,《安徽史学》2009年第4期。

章毅:宋明时代徽州的程灵洗崇拜,《安徽史学》2009年第4期。

陶明选:明清以来徽州的演戏娱神与信仰活动,《安徽史学》2009年第6期。

丁希勤:五显信仰的实质及与道教的关系——对徽州婺

源县灵顺庙的考察,《安徽史学》2009第6期。

陈瑞:明清徽州宗子考论,《学术界》2009年第5期。

陈瑞:元代徽州路的手工业,《安徽大学学报》2009年第1期。

刘道胜:明清徽州合同契约与民间合约关系,《安徽大学学报》2009年第1期。

郑小春:清代徽州的民间合约与乡村治理,《安徽大学学报》2009年第1期。

卞利:明清徽州地方性行政法规文书初探,《安徽大学学报》2009年第4期。

张小坡:论晚清徽商对徽州社会救济事业的扶持——以光绪三十四年水灾赈捐为例,《安徽大学学报》2009年第5期。

张崇旺:徽商与明清时期江淮地区的荒政建设,《安徽大学学报》2009年第5期。

吴媛媛:明清徽州粮食问题研究,《安徽大学学报》2009年第6期。

沈昕:宗族联姻与明清徽州地方社会——以祁门善和程氏为中心,《安徽大学学报》2009年第6期。

谈家胜:近二十年徽州家谱文献研究的学术审思,《安徽大学学报》2009年第6期。

魏梅:明清时期休宁西门汪氏迁浙支派宗族意识的变化,《巢湖学院学报》2009年第1期。

陶荣:近代杭徽公路的开通与徽州市镇社会近代化,《黄山学院学报》2009年第2期。

方光禄:清代侨寓徽商土著化的个案观察——以上海嘉定望仙桥乡土志为中心,《黄山学院学报》2009年第2期。

吴秉坤:清代至民国时期徽州田面赤契现象探析——兼与黄宗智先生商榷,《黄山学院学报》2009年第2期。

冯剑辉:山东图书馆馆藏徽州文书述评,《黄山学院学报》2009年第2期。

周筱华、程秉国:民国时期徽商与茶叶对外贸易,《黄山学院学报》2009年第4期。

胡亮:徽州民间鼓吹乐的音乐文化风格探析,《黄山学院学报》2009年第4期

卞利:明清时期徽州的宗族公约研究,《中国农史》2009年第3期。

郑小春:里老人与明代乡里纷争的解决:以徽州为中心,《中国农史》2009年第4期。

陈瑞:明清时期徽州宗族内部的伦常秩序控制,《江海学刊》2009年第3期。

〔日〕臼井佐知子:由诉讼文书管窥徽州社会的侧影——亡夫后的寡妇的生活处境,唐力行主编《江南社会历史评论》第1期,2009年版。

熊秉真:乾隆歙医许豫和人事初考,唐力行主编《江南社会历史评论》第1期。

唐力行、苏卫平:明清以来徽州的疾疫与宗族医疗保障功能——兼论新安医学兴起的原因,《史林》2009年第3期。

王振忠:清、民国时期徽州征信录及其史料价值,《江南与中外交流》第3辑,复旦大学出版社2009年版。

王振忠:在田野中解读历史:徽州文书与实地调查,《探索与争鸣》2009年第6期。

郑伟章:扬州徽商江春及其受命为四库馆征书考述(上),天一阁博物馆编《天一阁文丛》第7辑,宁波出版社2009年版。

鲁燕:清代徽籍私人藏书家抄书活动考,天一阁博物馆编《天一阁文丛》第7辑,宁波出版社2009年版。

王日根、江涛:清代安徽士人健讼与社会风气:徐士林《守皖谳词》的解读,《中国社会经济史研究》2009年第2期。

郭锦洲:明清时期徽州宗族的发展和义田——以棠樾鲍氏为中心,《历史人类学学刊》第7卷第1期,2009年4月。

王振忠:清代扬州盐商宋迪文信函汇编之考释,台湾,东吴大学《东吴历史学报》第21期,2009年6月。

邹怡:产业集聚与城市区位巩固:徽州茶务都会屯溪发展史(1577—1949),台湾中研院《近代史研究所集刊》第66期,2009年12月。

后 记

徽学研究滥觞于20世纪初,至80年代后逐渐成形,迄今仍方兴未艾。本书的最后定稿,虽然是在2010年盛夏,但书中的数据,则大抵截至2009年底。第四部分除了专著提要外,为逐年的徽学论文选目。关于徽州研究论文目录,早在20世纪80年代,孙树霖、刘淼就编有《徽商研究参考资料索引》和《徽州社会经济史研究文献目录》。1993年,周绍泉、赵亚光进一步辑有"徽学研究系年",逐年收录了自1907年至1992年的徽学研究目录。上述诸位学者的首创之功实不可没。此后,朴元熇、薛贞芳等人的著作中亦附有类似的目录,安徽大学徽学研究中心还编有"徽学研究论文总目"(1907—2003)。本文即参考上述的诸种目录,重新遴选并增补了相关的论文,特别是增加了海外的论文目录。其中,日本方面的部分论文,承我的同事邹怡博士协助,而韩国徽学研究论文,则由高丽大学权仁溶博士提供,特此一并谨申谢忱!

该书定稿前后,仍然有不少新著涌现。例如,艺术史方面,有张长虹所著《品鉴与经营:明末清初徽商艺术赞助研究》(北京大学出版社 2010 年版);社会经济史方面,有郑小娟、周宇所著《15—18 世纪的徽州典当商人》(天津古籍出版社 2010 年版);书籍史方面,有《法国汉学》丛书编辑委员会编《徽州:书业与地域文化》(中华书局 2010 年版);人物研究方面,则有刘尚恒所编《鲍廷博年谱》(黄山书社 2010 年版)。除了上述的这些专著之外,海内外相关学术论文更是佳作频现。另外,据我所知,重要工具书《徽州文献综录》、大型资料集《中国徽州文书》等,亦即将出版。与此同时,在皖南,徽州文书新史料的发现更是层出不穷。这些,都为人们展示了徽学研究蓬勃发展的学术前景。新史料的不断发现,使得徽州研究始终保持着极大的活力,可以预见,徽学研究的进一步拓展与深入,尚需至少一代人的努力。

图书在版编目(CIP)数据

徽学研究入门/王振忠著. —上海:复旦大学出版社,2011.8
(研究生·学术入门手册)
ISBN 978-7-309-08057-5

Ⅰ. 徽… Ⅱ. 王… Ⅲ. 文化史-研究-徽州地区 Ⅳ. K295.42

中国版本图书馆 CIP 数据核字(2011)第 058596 号

徽学研究入门
王振忠 著
责任编辑/史立丽

复旦大学出版社有限公司出版发行
上海市国权路 579 号 邮编:200433
网址:fupnet@fudanpress.com http://www.fudanpress.com
门市零售:86-21-65642857 团体订购:86-21-65118853
外埠邮购:86-21-65109143
上海崇明南海印刷厂

开本 850×1168 1/32 印张 8.25 字数 178 千
2011 年 8 月第 1 版第 1 次印刷

ISBN 978-7-309-08057-5/K·324
定价:20.00 元

如有印装质量问题,请向复旦大学出版社有限公司发行部调换。
版权所有 侵权必究